RECUEIL

DE

CANTIQUES

A l'usage des

Missions de Troyes.

NOUVELLE ÉDITION,

Précédée d'instructions sur les principales Vérités de la Foi catholique, et sur les Fruits de la Mission, et augmentée de 15 nouveaux Cantiques.

A TROYES,

CHEZ Mme Ve ANDRÉ, IMPRIMEUR-LIBRAIRE
DE L'ÉVÊCHÉ, PLACE DE L'HÔTEL-DE-VILLE

PERMISSION.

Nous, VICAIRE GÉNÉRAL Capitulaire du Diocèse de Troyes, le Siége Episcopal vacant; sur la requête à nous présentée par Madame veuve ANDRÉ, Imprimeur du Chapître, lui avons permis et permettons de réimprimer l'ouvrage intitulé : *Recueil de Cantiques, à l'usage des Missions de Troyes; nouvelle édition*, 1 vol. in-12.

Donné à Troyes, le 1er Février 1826.

F.-M.-J. COUDRIN,
Vic. Gén.

LES
FRUITS DE LA MISSION,

OU LES

MOYENS DE PERSÉVÉRANCE.

En vain me serais-je converti, si je ne persévérais dans cette vie nouvelle que j'ai embrassée. Celui-là seulement sera sauvé, dit l'Ecriture, qui persévèrera jusqu'à la fin. Mais, comment pourrais-je persévérer, si je ne prends les moyens les plus efficaces d'assurer ma persévérance ? Or, pour employer ces moyens, il faut les connaître ; et pour les connaître, il ne s'agit que de considérer quelles sont les causes ordinaires de la rechute.

I. On retombe, pourquoi ? Parce que l'on perd le souvenir des vérités saintes. La terre, dit le Saint-Esprit, est désolée, parce qu'il n'y a plus personne qui réfléchisse dans son cœur ; de là cet avis du même Saint-Esprit : « Souvenez-vous souvent de vos fins « dernières, et vous ne pécherez jamais. »

Le Iᵉʳ moyen que j'emploierai donc pour persévérer, sera de méditer, tous les jours, quelque temps, une vérité de la Religion, choisissant celle qui peut faire plus d'impression sur moi, et m'aidant, pour cet effet, de la lecture d'un bon livre.

II. On retombe, pourquoi ? Parce que l'on s'expose dans les occasions du péché : or, celui qui cherche le péril, dit l'Ecriture, y périra.

Mille et mille fois j'ai fait l'expérience de cette vérité, mille et mille fois ma témérité sur ce sujet a été punie par les plus lourdes chutes.

Le IIᵉ moyen que j'emploierai pour persévérer, sera donc de m'éloigner des danses, des spectacles, des jeux défendus, des personnes dangereuses, de la lecture

des romans, et de tout ce qui pourrait devenir pour
moi une occasion prochaine de péché. Pour m'y animer, je me souviendrai de ces paroles de Jésus-Christ:
» Si votre œil, ou votre main, ou votre pied vous
» scandalise, arrachez-le et jetez-le loin de vous ; »
c'est-à-dire, sacrifiez ce que vous avez de plus cher,
plutôt que de vous exposer, ou de demeurer dans l'occasion du péché.

III. On retombe, pourquoi ? Parce que l'on craint
les jugemens, les railleries, les mépris du monde. Combien de fois ce respect humain ne m'a-t-il pas fait rougir de mes devoirs? Combien de fois ne m'a-t-il pas
fait violer les obligations les plus essentielles du Chris-
tianisme.

Le IIIᵉ moyen que j'emploierai pour persévérer, sera
donc de m'élever au-dessus de ces jugemens, et de les
mépriser souverainement. Que dis-je ? je m'efforcerai
de regarder comme une insigne faveur, d'être pour le
monde un objet de contradiction, suivant ces paroles
de l'Apôtre : «Tous ceux qui veulent vivre pieusement
» en Jésus-Christ, doivent s'attendre à souffrir persé-
» cution.

IV. On retombe, pourquoi? Parce que l'on s'éloigne
des sacremens de Pénitence et d'Eucharistie : car, pour
vaincre toutes les passions qui nous tyrannisent, pour
surmonter toutes les tentations qui nous assaillent, pour
nous soutenir au milieu des périls qui nous environ-
nent, il faut des grâces et des grâces puissantes.

Mais ces grâces, où les trouverons-nous abondam-
ment, si ce n'est dans les Sacremens ? N'est-ce pas là
qu'il veut que nous les puisions ? Et ne vous apprend-
il pas, de l'Eucharistie en particulier, que celui qui
ne s'en nourrit pas, en la recevant souvent et dignement, n'aura pas la vie en lui ?

Le IVᵉ moyen que je prendrai pour persévérer, sera
donc de m'approcher des sacremens de Pénitence et
d'Eucharistie, de temps en temps, au moins pendant
l'année, sans différer jamais au delà du terme qui m'aura été fixé, et même si j'ai le malheur de tomber dans quelque faute grave, j'irai de suite me

confesser, mais toujours avec les sentimens d'un cœur vraiment pénitent.

V. L'on retombe, pourquoi ? Parce qu'on n'apporte aucun soin pour éviter les fautes légères. Or, l'Ecriture et l'expérience nous apprennent que lorsqu'un pécheur converti retombe, de propos délibéré, dans certaines fautes, sous prétexte qu'elles ne sont pas mortelles, ces fautes, quelque légères qu'on les suppose, le disposent insensiblement au péché mortel, et l'on finit souvent par se livrer aux plus grands désordres.

Le Vᵉ moyen que j'emploierai pour persévérer, sera donc d'éviter avec autant de soin les péchés légers, que ceux que je juge être évidemment mortels. Pour y mieux réussir, je m'examinerai souvent sur mes fautes journalières ; je me ferai une loi inviolable de ne jamais agir contre le témoignage de ma conscience ; je me pénétrerai vivement des réflexions qui peuvent m'inspirer plus d'horreur pour le péché ; et si, malgré ces précautions, il m'arrivait de commettre encore quelqu'une de ces fautes, je m'imposerai de suite, et chaque fois, une pénitence plus ou moins sévère.

VI. L'on retombe, pourquoi ? Parce qu'au lieu de résister courageusement aux tentations dont on est inévitablement assailli pendant cette vie ; au lieu d'employer, pour les vaincre, les armes spirituelles de la Religion, on se laisse abattre, décourager, vaincre honteusement.

Le VIᵉ moyen que j'emploierai pour persévérer, sera donc de veiller sans cesse contre les surprises du démon, de résister courageusement dès les premières atteintes de la tentation, de m'armer alors, avec confiance, du Signe de la Croix, d'implorer, avec foi, l'assistance de la Sainte Vierge, des Anges et des Saints : pour m'encourager davantage dans ce combat spirituel, je me représenterai la gloire éternelle réservée au vainqueur, la honte dont se couvre celui qui se laisse vaincre, enfin l'assurance, de la grâce pour quiconque est attaqué.

VII. Comme mille et mille fois j'ai violé les plus saintes résolutions, par oubli ou par négligence, je prends la ferme détermination de lire, tous les Dimanches au

A 3

moins ces résolutions, de m'examiner sur la manière dont je les aurai observées pendant la semaine, de prévoir les obstacles qui pourraient m'empêcher de les accomplir la semaine suivante, de les renouveler devant Dieu de la manière la plus forte, de lui demander instamment la grâce d'y être plus fidèle, récitant à cette intention l'oraison dominicale avec la salutation angélique. Et parce que, malgré ces précautions, je me défie encore de moi, je prierai une personne pieuse de veiller sur ma conduite, et de me reprendre charitablement, si elle s'apercevait que je manque à quelqu'un de ces engagemens.

Confirmez, Seigneur, ces résolutions que je prends en votre divine présence, et ne permettez pas que j'y sois jamais infidèle, afin qu'après avoir constamment marché dans la voie de vos saints commandemens, j'aie le bonheur de recevoir la couronne de l'immortalité, que vous avez promise à ceux qui auront légitimement combattu et persévéré jusqu'à la fin. Ainsi soit-il.

PRINCIPALES VÉRITÉS
DE LA
FOI CATHOLIQUE.

MYSTÈRES.

1° Il n'y a qu'un Dieu en trois personnes, savoir : le Père, le Fils et le Saint-Esprit ; c'est ce qu'on appelle le Mystère de la sainte Trinité.

2° Le Fils de Dieu, seconde personne de la sainte Trinité, s'est fait homme dans le sein de la très-sainte vierge Marie, par l'opération du Saint-Esprit ; c'est ce qu'on appelle le Mystère de l'Incarnation.

3° Le Fils de Dieu, fait homme, est mort sur une croix, pour nous délivrer de l'enfer, et nous ouvrir le ciel ; c'est ce qu'on appelle le mystère de la Rédemption.

Le Père et le Saint-Esprit ne se sont pas faits hommes ; mais seulement le Fils, qu'on appelle Jésus-Christ.

N. B. Ces mystères, ainsi que toutes les vérités que Jésus-Christ nous a révélées, nous sont enseignés par l'Eglise.

DE L'EGLISE.

L'Eglise est la société des Chrétiens qui professent la doctrine de Jésus-Christ, participent à ses Sacremens, sont soumis aux Evêques et aux Pasteurs légitimes, et particulièrement à N. S. Père le Pape, Vicaire de Jésus-Christ, et successeur de saint Pierre.

Cette Eglise de Jésus-Christ s'appelle la sainte Eglise Catholique, Apostolique et Romaine, hors laquelle il n'y a pas de salut ; parce que, dit saint Paul, de même qu'il n'y a qu'un seul Dieu, de même aussi, il n'y a qu'une seule foi, une seule vraie Religion ; et par conséquent une seule vraie Eglise. C'est dans cette Eglise que nous trouvons les sacremens qui donnent la grâce, ou qui l'augmentent en nous.

DES SACREMENS.

Il y a dans l'Eglise, sept Sacremens, savoir :

Le Baptême, la Confirmation, la Pénitence, l'Eucharistie, l'Extrême-Onction, l'Ordre et le Mariage.

1. Le Baptême efface le péché originel, nous fait Chrétiens, enfans de Dieu et de l'Eglise.

2. La Confirmation nous rend parfaits Chrétiens, et nous donne la force de défendre avec courage et de pratiquer librement la religion de Jésus-Christ.

3. La Pénitence, conférée par un Prêtre approuvé, remet tous les péchés commis depuis le Baptême, pourvu qu'on en ait une douleur sincère et véritable.

4. L'Eucharistie contient le corps, le sang, l'âme et la divinité de N. S. Jésus-Christ, sous les espèces du pain et du vin consacrées par le Prêtre au saint sacrifice de la Messe. Lorsque le Prêtre a changé, par les paroles de la consécration, le pain et le vin au corps et au sang de Jésus-Christ, il les fait ensuite adorer au peuple par l'élévation.

5. L'Extrême-Onction est établie pour le soulagement spirituel et corporel des malades.

6. L'Ordre communique à ceux qui sont ordonnés par l'Evêque, le pouvoir de faire les fonctions sacrées, et la grâce de les exercer saintement.

7. Le Mariage sanctifie l'union légitime de l'homme

A 4

et de la femme, quand on le reçoit en état de grâce : le Prêtre légitime est le Ministre ordinaire de ce Sacrement.

ACTES DES VERTUS THÉOLOGALES.

Acte de Foi.

Mon Dieu, je crois fermement tout ce que la sainte Église Catholique, Apostolique et Romaine m'ordonne de croire, parce que c'est vous, ô mon Dieu, qui le lui avez dit, et que vous ne pouvez vous tromper ni nous tromper.

Acte d'Espérance.

Mon Dieu, j'espère que, par les mérites de Jésus-Christ mon Sauveur, vous me donnerez votre grâce en ce monde, si j'observe vos commandemens, et votre gloire en l'autre, parce que vous l'avez promis, et que vous êtes fidèle dans vos promesses.

Acte de Charité.

Mon Dieu, je vous aime de tout mon cœur et par dessus toutes choses, parce que vous êtes infiniment bon et aimable ; j'aime aussi mon prochain comme moi-même, pour l'amour de vous.

NOTA. Le Pape Benoît XIV a accordé, en 1756, une Indulgence plénière, à l'article de la mort, à ceux qui récitent ces trois Actes tous les jours ; et une indulgence plénière, une fois chaque mois, pourvu que l'on se confesse et que l'on communie.

Acte de Contrition.

Mon Dieu, j'ai une grande douleur de vous avoir offensé, parce que vous êtes infiniment bon et aimable, et que le péché vous déplaît ; je fais une ferme résolution, moyennant votre sainte grâce, de n'y plus retomber, d'en éviter les occasions, d'en faire pénitence, et de m'en confesser au plutôt.

Les vérités que nous devons croire sont renfermées dans le Symbole des Apôtres, qui suit :

SYMBOLE DES APOTRES.

Je crois en Dieu le Père tout-puissant, Créateur du ciel et de la terre ; et en Jésus-Christ son Fils unique notre Seigneur, qui a été conçu du Saint-Esprit, qui est né de la Vierge Marie, qui a souffert sous Ponce-Pilate, qui a été crucifié, qui est mort, et qui a été enseveli ; qui est descendu aux enfers, et le troisième jour est ressuscité des morts ; qui est monté aux cieux, qui est assis à la droite de Dieu le Père tout-puissant ; et qui de là viendra juger les vivans et les morts. Je crois au Saint-Esprit, la sainte Eglise Catholique, la communion des Saints, la rémission des péchés, la résurrection de la chair, la vie éternelle. Ainsi soit-il.

Les lois que nous devons pratiquer, sont renfermées dans les Commandemens de Dieu et de l'Eglise, qui suivent :

COMMANDEMENS DE DIEU.

1. Un seul Dieu tu adoreras
   Et aimeras parfaitement.
2. Dieu en vain tu ne jureras,
   Ni autre chose pareillement.
3. Les Dimanches tu garderas,
   En servant Dieu dévotement.
4. Tes Père et Mère honoreras,
   Afin de vivre longuement.
5. Homicide point ne seras,
   De fait ni volontairement.
6. Luxurieux point ne seras,
   De corps ni de consentement.
7. Le bien d'autrui tu ne prendras,
   Ni retiendras à ton escient.
8. Faux témoignage ne diras,
   Ni mentiras aucunement.
9. L'œuvre de chair ne désireras,
   Qu'en mariage seulement.
10. Biens d'autrui ne convoiteras,
    Pour les avoir injustement.

COMMANDEMENS DE L'ÉGLISE.

1. Les Fêtes tu sanctifieras,
   Qui te sont de commandement.
2. Les Dimanches, la Messe ouïras,
   Et les Fêtes pareillement.

A 5

3. Tous tes péchés confesseras,
  A tout le moins une fois l'an.
4. Ton Créateur tu recevras,
  Au moins à Pâques humblement.
5. Quatre-temps, Vigiles, jeûneras,
  Et le Carême entièrement.
6. Vendredi, chair ne mangeras,
  Ni le samedi mêmement.

OBSERVATION IMPORTANTE.

Un bon Chrétien doit : 1. Croire à la parole de Dieu ; 2. Pratiquer ses Commandemens, et ceux de son Eglise ; 3. Prier Dieu soir et matin, à genoux ; 4. Approcher chaque année des Sacremens ; 5. Invoquer la très-sainte Vierge Marie, mère de Dieu.

PRIÈRE DE S. BERNARD A LA SAINTE VIERGE.

Souvenez-vous, ô Marie, Vierge pleine de bonté, qu'on n'a jamais entendu dire que vous ayez abandonné celui qui, se jetant dans vos bras, a imploré votre secours, et réclamé votre puissante intercession ! Animé par la vive confiance que m'inspirent les admirables effets de votre protection, je viens à vous, je me jette, je me prosterne à vos pieds, ô Vierge, Mère des vierges, tout pécheur que je suis ! Ne dédaignez pas ma prière, ô Mère de mon Dieu ! mais soyez-moi propice, et daignez l'exaucer. Ainsi soit-il.

Divin Cœur de Jésus, ayez pitié de nous.
Cœur immaculé de Marie, priez pour nous.
De la mort subite et imprévue, délivrez-nous, Seigneur.

VIVENT JÉSUS ET MARIE.

EXERCICES
DU
CHRÉTIEN.

Nº 1er. OUVERTURE DE LA MISSION.

AIR : *Que ne suis-je la fougère, etc.*

1. Un Dieu vient se faire entendre ;
Cher peuple, quelle faveur !
A sa voix il faut vous rendre ;
Il demande votre cœur.
Accourez, peuple fidèle,
Venez à la Mission ;
Le Seigneur qui vous appelle,
Veut votre conversion.

2. Dans l'état le plus horrible
Le péché vous a réduits ;
Mais, à vos malheurs, sensible,
Dieu vers vous nous a conduits.
Accourez, etc.

3. Sur vous il fera reluire
Une céleste clarté ;
Dans vos cœurs il va produire
Le feu de la charité.
Accourez, etc.

4. Trop long-temps, hélas ! le crime
A pour vous eu des attraits ;
Qu'un saint désir vous anime
A le bannir pour jamais.
Accourez, etc.

5. Loin de vous toute injustice,
Loin toute division,
Que partout se rétablisse
La concorde et l'union.
Accourez, etc.

A 6

6.　　Du blasphème, du parjure,
Montrez une sainte horreur :
Plus en vous de flamme impure ,
N'aimez plus que la pudeur.
Accourez , etc.

7.　　Evitez l'intempérance
Et tout plaisir criminel :
Que chacun enfin ne pense
Qu'à son salut éternel.
Accourez , etc.

8.　　Sans tarder , changez de vie;
Sur vos maux pleurez , pécheurs;
C'est Dieu qui vous y convie,
N'endurcissez point vos cœurs.
Accourez, etc.

9.　　Quel bonheur inestimable,
Si , plein d'un vrai repentir ,
De son état misérable
Tout pécheur voulait sortir !
Accourez , etc.

10.　　Ah ! Seigneur, qu'enfin se fasse
Ce désiré changement;
Dans les cœurs, par votre grâce,
Venez agir fortement.
Accourez , etc.

11.　　Brisez, ô Dieu de clémence!
Leur coupable dureté;
Qu'une sainte pénitence
Lave leur iniquité.
Accourez , peuple fidèle,
Venez à la Mission :
Le Seigneur qui vous appelle ,
Veut votre conversion.

N.º 2. Iʳᵉ INVOCATION.

1.　Je viens à vous, Seigneur, instruisez-moi;
L'homme sans vous ne nous peut rien apprendre
Vous seul pouvez enseigner votre loi;
Vous seul au cœur (*bis.*) pouvez la faire entendre.

2.   Embrasez donc d'une céleste ardeur
Celui qui vient annoncer l'Evangile;
Faites aussi, mon Dieu, que l'auditeur
Ait pour l'entendre (*bis.*) un cœur humble et docile.

3.   Mère de Dieu, refuge des pécheurs,
Priez Jésus, le Sauveur de nos âmes,
Qu'à sa parole il soumette nos cœurs,
Pour les remplir (*bis.*) de ses divines flammes. (*bis.*)

Nº 3. 11º INVOCATION.

1.   O Saint-Esprit! donnez-nous vos lumières;
Venez en nous pour nous embraser tous,
Pour nous régler et former nos prières:
Nous ne pouvons faire aucun bien sans vous.

2.   Priez pour nous, sainte Vierge Marie,
Obtenez-nous grâce auprès du Sauveur,
Pour écouter ses paroles de vie,
Et les garder, comme vous, dans nos cœurs.

Nº 4. L'ANGELUS.

Air connu.

1.   Un ange annonçant à Marie
Que pour concevoir Jésus-Christ
La Trinité l'avait choisie,
Elle conçut du Saint-Esprit.   *Ave, Maria.*

2.   Voici, Seigneur, l'humble servante
Soumise à votre volonté:
Je suis en tout obéissante;
Conservez ma virginité.   *Ave, Maria.*

3.   Alors le Verbe égal au Père,
Voulant habiter parmi nous,
Prit, au chaste sein de sa Mère,
Le corps qu'il a livré pour tous. *Ave, Maria.*

4.   Priez pour nous, Vierge Marie;
Priez pour nous votre cher Fils;
Afin qu'il nous donne la vie,
Le Ciel, comme il nous l'a promis.
     Ora pro nobis, sancta Dei Genitrix.

N° 5. LE SALUT.

1.   Nous n'avons à faire
Que notre salut,   (*bis.*)
C'est là notre but,
C'est là notre unique affaire.
Nous serons heureux
En cherchant les cieux.   (*bis.*)

2.   Notre âme immortelle
Est faite pour Dieu;   (*bis.*)
La terre est trop peu,
Ou plutôt n'est rien pour elle.
Nous serons heureux
En cherchant les cieux.   (*bis.*)

3.   Perte universelle!
Perdre son Sauveur;   (*bis*)
Perdre son bonheur;
Perdre la vie éternelle!
Afin d'être heureux,
Nous cherchons les cieux.   (*bis.*)

4.   Prends pour toi la terre,
Avare indigent;   (*bis.*)
Pour l'or et l'argent
Entreprends procès et guerre.
Pour nous plus heureux,
Nous cherchons les cieux.   (*bis*)

5.   Recherche, âme immonde,
Selon tes désirs,   (*bis.*)
Les biens, les plaisirs
Et les honneurs de ce monde;
Pour nous, plus heureux,
Nous cherchons les cieux.   (*bis.*)

6.   Poursuis la fumée
D'un bien passager;   (*bis.*)
Gagne un monde entier:
Quel gain si l'âme est damnée!
Pour nous, plus heureux,
Nous cherchons les cieux.   (*bis.*)

7.   Nous cherchons la grâce,
Le reste n'est rien;   (*bis.*)

Ce n'est pas un bien,
Dès-lors qu'il trompe et qu'il passe.
Afin d'être heureux,
Nous cherchons les cieux. (*bis.*)

8. Point d'autre excellence
Que l'humilité; (*bis.*)
Notre pauvreté
Fait toute notre abondance;
L'objet de nos vœux,
C'est d'aller aux cieux. (*bis.*)

9 Notre savoir faire
Est tout dans la Croix: (*bis.*)
Si nous sommes rois,
Ce n'est que sur le Calvaire.
L'objet de nos vœux,
C'est d'aller aux cieux. (*bis.*)

10. Nous cherchons la vie,
La gloire et la paix (*bis.*)
Qui dure à jamais;
En avez-vous quelque envie?
Venez, suivez-nous,
Et nous l'aurons tous. (*bis.*)

N° 6. LE SALUT.

AIR : *Dirai-je mon Confiteor.*

1. TRAVAILLEZ à votre salut:
Quand on le veut, il est facile.
Chrétiens, n'ayez point d'autre but;
Sans lui tout devient inutile.
Sans le salut, pensez-y bien, } *bis.*
Tout ne vous servira de rien. }

2. Oh! que l'on perd en le perdant!
On perd le céleste héritage;
Au lieu d'un bonheur si charmant,
On a l'enfer pour son partage.
Sans le salut, etc.

3. Que sert de gagner l'univers,
Dit Jésus, si l'on perd son âme,
Et s'il faut, au fond des enfers,

Brûler dans l'éternelle flamme ?
Sans le salut, etc.

4. Rien n'est digne d'empressement,
Si ce n'est la vie éternelle ;
Le reste n'est qu'amusement,
Tout n'est que pure bagatelle.
Sans le salut, etc.

5. C'est pour toute une éternité
Qu'on est heureux ou misérable :
Que, devant cette vérité,
Tout ce qui passe est méprisable !
Sans le salut, etc.

6. Grand Dieu ! que tant que nous vivrons
Cette vérité nous pénètre !
Ah ! faites que nous nous sauvions,
A quelque prix que ce puisse être,
Sans le salut, pensez-y bien,   } *bis.*
Tout ne nous servira de rien.

N°. 7. LA CONVERSION.

AIR : *Femme sensible.*

Dieu.

REVIENS, pécheur, à ton Dieu qui t'appelle :
Viens au plutôt te ranger sous sa loi :
Tu n'as été déjà que trop rebelle ;
Reviens à lui, puisqu'il revient à toi.

Le Pécheur.

Voici, Seigneur, cette brebis errante,
Que vous daignez chercher depuis long-temps :
Touché, confus d'une si longue attente,
Sans plus tarder, je reviens, je me rends.

Dieu.

Pour t'attirer, ma voix se fait entendre ;
Sans me lasser, partout je te poursuis :
D'un Dieu, pour toi, du père le plus tendre,
J'ai les bontés, ingrat, et tu me fuis.

Le Pécheur.

Errant, perdu, je cherchais un asile ;
Je m'efforçais de vivre sans effroi :

Hélas ! Seigneur, pouvais-je être tranquille ,
Si loin de vous, et vous si loin de moi.

Dieu.

Attraits, frayeurs, remords, secret langage,
Qu'ai-je oublié , dans mon amour constant ?
Ai-je, pour toi, dû faire davantage ?
Ai-je , pour toi, dû même en faire autant ?

Le Pécheur.

Je me repens de ma faute passée ;
Contre le ciel, contre vous j'ai péché ;
Mais oubliez ma conduite insensée,
Et ne voyez en moi qu'un cœur touché.

Dieu.

Si je suis bon , faut-il que tu m'offenses ?
Ton méchant cœur s'en prévaut chaque jour.
Plus de rigueurs vaincraient tes résistances :
Tu m'aimerais, si j'avais moins d'amour.

Le Pécheur.

Que je redoute un Juge, un Dieu sévère !
J'ai prodigué des biens qui sont sans prix ;
Comment oser vous appeler mon père ?
Comment oser me dire votre fils ?

Dieu.

Marche au grand jour que t'offre ma lumière ;
A sa faveur, tu peux faire le bien.
La nuit bientôt finira ta carrière ;
Funeste nuit, où l'on ne peut plus rien.

Le Pécheur.

Dieu de bonté , principe de tout être ,
Unique objet digne de nous charmer,
Que j'ai long-temps vécu sans vous connaître !
Que j'ai long-temps vécu sans vous aimer !

Dieu.

Ta courte vie est un songe qui passe ;
Et de ta mort le jour est incertain.
Ce Dieu si bon qui te promet sa grâce,
Ne te promit jamais le lendemain.

Le Pécheur.

Votre bonté surpasse ma malice ;
Pardonnez-moi ce long égarement ;

Je le déteste, il fait tout mon supplice;
Et pour vous seul j'en pleure amèrement.

Dieu.

Le ciel doit-il te combler de délices,
Dans le moment qui suivra ton trépas?
Ou bien l'enfer t'accabler de supplices?
C'est l'un des deux; et tu n'y penses pas.

Le Pécheur.

Je ne vois rien que mon cœur ne défie:
Malheurs, tourmens, ou plaisirs les plus doux;
Non, fallût-il cent fois perdre la vie,
Rien ne pourra me séparer de vous.

N° 8. REMORDS DU PECHEUR.

Air : *Comment goûter, etc.*

1.   COMMENT goûter quelque repos
  Dans les tourmens d'un cœur coupable?
  Loin de vous, ô Dieu tout aimable!
  Tous les biens ne sont que des maux.
  J'ai fui la maison de mon père,
  A la voix d'un monde enchanté;
  Il promet la félicité,
  Mais il n'enfante que misère.   (*bis.*)

2.   Vois, me disait-il, vois le temps
  Emporter ta belle jeunesse:
  Tu cueilles l'épine qui blesse,
  Au lieu des roses du printemps.
  La perfide, pour ma ruine,
  Cachait l'épine sous les fleurs;
  Mais vous, ô Dieu, plein de douceurs!
  Vous cachez les fleurs sous l'épine. (*bis.*)

3.   Créateur justement jaloux,
  Ah! voyez ma douleur profonde;
  Ce que j'ai souffert pour le monde,
  Si je l'avais souffert pour vous!...
  J'ai poursuivi, dans les alarmes,
  Le fantôme des vains plaisirs:
  Ah! j'ai semé dans les soupirs,
  Et je moissonne dans les larmes.   (*bis.*)

4. Qui me rendra de la vertu
Les douces, les heureuses chaînes !
Mon cœur sous le poids de ses peines,
Succombe et languit abattu.
J'espérais, ô triste folie !
Vivre tranquille et criminel ;
J'oubliais l'oracle éternel :
Il n'est point de paix pour l'impie. (*bis.*)

5. De mon abîme, ô Dieu clément !
J'ose t'adresser ma prière.
Cessas-tu donc d'être mon père,
Si je fus un indigne enfant ?
Hélas ! le lever de l'aurore
Aux pleurs trouve mes yeux ouverts,
Et la nuit couvre l'univers,
Que mon âme gémit encore.   (*bis.*)

N°. 9. LE RETOUR DU PÉCHEUR.

AIR : *De la musette.*

1. J'ai péché dès mon enfance ;
J'ai chassé Dieu de mon cœur
J'ai perdu mon innocence ;
Quelle perte ! ah ! quel malheur ! J'ai péché, etc.

2. Oh ! qui mettra dans ma tête
Une fontaine de pleurs,
Sur la perte que j'ai faite,
Sur le plus grand des malheurs ? J'ai péché, etc.

3. Riche trésor de la grâce,
Te perdant, j'ai tout perdu :
Que faut-il donc que je fasse,
Pour que tu me sois rendu ?   J'ai péché, etc.

4. Innocence inestimable,
Que je te connaissais peu,
Quand d'un bien si désirable
La perte m'était un jeu !   J'ai péché, etc.

5. Oh ! que mon âme était belle
Quand elle avait sa candeur !
Depuis qu'elle est criminelle,
O Dieu ! quelle est sa laideur ! J'ai péché, etc.

6. O Dieu! quel bonheur extrême,
Si j'étais mort au berceau!
Ou, si des fonts du baptême,
On m'eût conduit au tombeau!   J'ai péché, etc.

7.   Malheur à vous, amis traîtres,
Mes plus cruels ennemis,
Qui fûtes mes premiers maîtres
Dans les maux que j'ai commis.   J'ai péché, etc.

8.   Par votre libertinage,
Vos discours, vos actions,
Du péché, dès mon jeune âge,
Vous me fîtes des leçons.   J'ai péché, etc.

9.   O mon Dieu! dans mon baptême,
A vous je me consacrai,
Et, dès mon enfance même
Au démon je me livrai.   J'ai péché, etc.

10.   O promesses prononcées
A la face des autels,
Et si souvent violées
Par mille péchés mortels!   J'ai péché, etc.

11.   Pardonnez à ce rebelle
Qui déplore son malheur,
Qui veut vous être fidèle,
Et vous redonner son cœur.   J'ai péché, etc.

N°. 10. SENTIMENS DE CONTRITION.

Air languedocien.

1. HÉLAS!
Quelle douleur
Remplit mon cœur,
Fait couler mes larmes;
Hélas!
Quelle douleur
Remplit mon cœur
De crainte et d'horreur!

Autrefois,
Seigneur, sans alarmes,
De tes lois
Je goûtais les charmes.
Hélas!
Vœux superflus,
Beaux jours perdus,
Vous ne serez plus!...

2: La mort
Déjà me suit;
O triste nuit!
Déjà je succombe.
La mort
Déjà me suit;
Le monde fuit;
Tout s'évanouit.
Je la vois
Entr'ouvrant ma tombe,
Et sa voix
M'appelle et j'y tombe.
O mort!
Cruelle mort!
Si jeune encor!...
Quel funeste sort!...

3. Frémis,
Ingrat pécheur;
Un Dieu vengeur,
D'un regard sévère;
Frémis:
Ingrat pécheur,
Un Dieu vengeur
Va sonder ton cœur.
Malheureux!
Entends son tonnerre;
Si tu peux,
Soutiens sa colère.
Frémis,
Seul aujourd'hui,
Sans nul appui,
Parais devant lui.

4. Grand-Dieu!
Quel jour affreux
Luit à mes yeux!
Quel horrible abîme!
Grand Dieu!
Quel jour affreux
Luit à mes yeux!
Quels lugubres feux!
Oui, l'enfer,
Vengeur de mon crime,
Est ouvert,
Attend sa victime.
Grand Dieu!
Quel avenir!
Pleurer, gémir,
Toujours te haïr!

5. Beau ciel,
Je t'ai perdu;
Je t'ai vendu
Par de vains caprices.
Beau ciel,
Je t'ai perdu;
Je t'ai vendu;
Regret superflu!
Loin de toi,
Toutes tes délices
Sont pour moi
De nouveaux supplices.
Beau ciel!
Toi que j'aimais,
Qui me charmais,
Ne te voir jamais!...

6. O vous,
Enfans pieux,
Toujours joyeux!
Et pleins d'espérance!
O vous,
Enfans pieux,
Toujours joyeux!
Moi seul malheureux!
J'ai voulu
Sortir de l'enfance;
J'ai perdu
L'aimable innocence.

O vous,
Du ciel un jour
Heureuse cour!
Adieu, sans retour.

7.   Non, non,
C'est une erreur :
Dans mon malheur,
Hélas! je m'oublie.
Non, non,
C'est une erreur :
Dans mon malheur,
Je trouve un Sauveur.
Il m'entend,
Me réconcilie;
Dans son sang,
Je reprends la vie.
Non, non,
Je l'aime encor,

Et le remord
A changé mon sort.

8.   Jésus!
Manne des cieux,
Pain des heureux,
Mon cœur te réclame.
Jésus!
Manne des cieux,
Pain des heureux,
Viens combler mes vœux.
Désormais,
Ta divine flamme,
Pour jamais
Embrase mon âme.
Jésus!
O mon Sauveur!
Fais de mon cœur
L'éternel bonheur.

N.º 11. RESOLUTION.

1.   SEIGNEUR, Dieu de clémence,
Reçois ce grand pécheur,
A qui la pénitence
Touche aujourd'hui le cœur;
Vois d'un œil secourable
L'excès de son malheur,
Et d'un cœur favorable,
Accepte sa douleur.

2.   Je suis un infidèle,
Qui méconnus tes lois;
Un perfide, un rebelle,
Qui péchai mille fois.
Jamais dans l'innocence
Je n'ai coulé mes jours;
Toujours plus d'une offense
En a terni le cours.

3.   Chargé de mille crimes,
Souvent j'ai mérité

D'entrer dans les abîmes
Pour une éternité.
J'ai peu craint la colère
De ton bras irrité;
Mais cependant j'espère,
Seigneur, en ta bonté.

4. Ah! quand je me rappelle
Combien je fus pécheur,
Une douleur mortelle
S'empare de mon cœur.
Par quel malheur extrême
Ai-je offensé souvent
Un Dieu, la bonté même,
Un Dieu si bienfaisant?

5. Fuis loin, péché funeste,
Dont je fus trop charmé;
Péché que je déteste
Et que j'ai trop aimé!
O Dieu bon! ô bon Père!
Tu vois mon repentir:
Avant de te déplaire,
Plutôt, plutôt mourir.

6. C'est fait, je le proteste,
Plus de péché pour moi;
Le Ciel que j'en atteste,
Garantira ma foi.
Le Dieu qui me pardonne,
Aura tout mon amour!
A lui seul je le donne,
Sans bornes, sans retour.

N° 12. CONTRITION.

1. Mon doux Jésus, enfin, voici le temps
De pardonner à nos cœurs pénitens;
Nous n'offenserons jamais plus
Votre bonté suprême,
O doux Jésus! } *bis.*

2. Puisqu'un pécheur vous a coûté si cher,
Faites-lui grâce; il ne veut plus pécher.

Ah ! ne perdez pas, cette fois,
La conquête admirable
De votre croix.   } *bis.*

3.   Enfin, mon Dieu, nous sommes à genoux,
Pour vous prier de pardonner à tous:
Pardonnez-nous, ô Dieu clément !
Lavez-nous de nos crimes
Dans votre sang.   } *bis.*

N°. 13. LA MORT.

AIR : *Bénissez le Seigneur.*

1.   La mort toujours peut nous surprendre
On peut mourir même en naissant:
On n'est point sûr d'un seul instant ;
Tout sert à nous l'apprendre.

2.   L'instant où j'ouvre la paupière,
Peut me compter parmi les morts,
La première heure où je m'endors,
Peut être ma dernière.

3.   O mort ! moment inévitable,
D'où mon sort éternel dépend ;
Qu'il est terrible ce moment,
Pour qui se sent coupable !

4.   Mais la mort n'est point effrayante
Pour qui toujours fut innocent :
Le pécheur même, pénitent,
La trouve consolante.

5.   Oh ! que l'homme est peu raisonnable !
Que le pécheur est imprudent !
Pouvoir mourir à tout instant,
Toujours vivre coupable !

6.   Mourrai-je saint, mourrai-je impie ?
Dieu m'a caché mon dernier sort ;
Ce qu'il a dit, c'est que ma mort
Serait comme ma vie.

7.   O mon Dieu ! faites à toute heure
Que je songe à mon dernier jour ;
Et que, vivant dans votre amour,
Dans votre amour je meure.

N°. 14. LE JUGEMENT.

Air connu.

Il me semble le voir,
Ce jour de désespoir,
De trouble et de vengeance,
Quand le Dieu redouté
Viendra dans sa puissance
Punir l'iniquité.

J'entends le bruit fatal
Qui donne le signal
Pour embraser le monde.
Déjà les feux, les airs,
Conspirent avec l'onde
Pour perdre l'univers.

Des peuples éperdus
Et des rois confondus
La troupe consternée,
Sortant des monumens,
Attend sa destinée,
La gloire ou les tourmens.

L'Eternel, le vrai Dieu,
Sur un trône de feu,
Armé de son tonnerre,

Se fait voir à leurs yeux :
Tout frémit sur la terre,
Tout tremble dans les cieux.

L'implacable vengeur
Dans sa juste fureur,
Oubliant sa clémence,
Contre le criminel
Prononce la sentence :
L'arrêt est sans appel.

Allez, dit-il, pécheurs,
Dans ce lieu de douleurs,
Allez pleurer vos crimes ;
Je vais lancer sur vous,
Au fond de ces abîmes,
Les traits de mon courroux.

Pour vous, heureux élus,
Venez, ne craignez plus ;
Les bénis de mon Père,
Suivez-moi dans les cieux;
Ce séjour de lumière
Remplira tous vos vœux.

N°. 15. MÊME SUJET.

AIR : *Partez, puisque, etc.*

1. DIEU va déployer sa puissance ;
Le temps comme un songe s'enfuit :
Les siècles sont passés ; l'éternité commence ;
Le monde va rentrer dans l'horreur de la nuit.
Dieu, etc.

2. J'entends la trompette effrayante :
Quel bruit ! quels lugubres éclairs !
Le Seigneur a lancé sa foudre étincelante,
Et ses feux dévorans embrasent l'univers.
J'entends, etc.

B

3.　　Les monts foudroyés se renversent ;
　　　Les êtres sont tous confondus ;
La mer ouvre son sein, les ondes se dispersent ;
Tout est dans le chaos, et la terre n'est plus.
　　　Les monts, etc.

4.　　Sortez des tombeaux, ô poussière !
　　　Dépouille des pâles humains :
Le Seigneur vous appelle, il vous rend la lumière ;
Il va sonder vos cœurs, et fixer vos destins.
　　　Sortez, etc.

5.　　Il vient.... tout est dans le silence ;
　　　Sa croix porte au loin la terreur :
Le pécheur consterné frémit en sa présence,
Et le juste lui-même est saisi de frayeur.
　　　Il vient, etc.

6.　　Assis sur un trône de gloire,
　　　Il dit : Venez, ô mes élus !
Comme moi vous avez remporté la victoire ;
Recevez de mes mains le prix de vos vertus.
　　　Assis, etc.

7.　　Tombez dans le sein des abîmes ;
　　　Tombez, pécheurs audacieux ;
De mon juste courroux immortelles victimes,
Vils suppôts des démons, vous brûlerez comme eux.
　　　Tombez, etc.

8.　　Vous n'êtes plus, vaines chimères,
　　　Objets d'un sacrilège amour :
Fléaux du genre humain, oppresseurs de vos frères,
Héros tant célébrés, qu'êtes-vous en ce jour ?
　　　Vous n'êtes plus, etc.

9.　　Triste éternité de supplices,
　　　Tu vas donc commencer ton cours :
De l'heureuse Sion ineffables délices ;
Bonheur, gloire des Saints, vous durerez toujours.
　　　Triste éternité, etc.

10.   Grand Dieu ! qui sera la victime
De ton implacable fureur ?
Quel noir pressentiment me tourmente et m'opprime ?
La crainte et les remords me déchirent le cœur.
Grand Dieu ! etc.

11.   De tes jugemens, Dieu sévère,
Pourrai-je oublier les rigueurs ?
J'ai péché ; mais ton sang désarme ta colère ;
J'ai péché ; mais mon crime est éteint par mes pleurs.
Dé tes jugemens, etc.

N°. 16. SUR L'ENFER.

Air : *Père de l'univers.*

1. QUELLE fatale erreur, quel charme nous entraîne ?
Rien n'égala jamais notre stupidité ;
Il est pour les pécheurs une éternelle peine,
Et nous aimons l'iniquité.

2. De Dieu, sur nos excès, voyant le long silence,
On croit qu'impunément on le peut offenser ;
Mais s'il exerce tard sa terrible vengeance,
Son temps viendra de l'exercer.

3. C'est après notre mort que montrant sa justice
Il sait rendre à chacun ce qu'il a mérité ;
Mais, soit qu'alors sa main récompense ou punisse,
C'est pour toute une éternité.

4. Devant Dieu, les damnés seront toujours coupables ;
En mourant criminels, ils sont morts endurcis :
Il faut donc qu'en enfer, des maux toujours durables,
De tant de forfaits soient le prix.

5. La beauté du Seigneur, l'éternel héritage,
Les plaisirs ravissans du céleste séjour,
Jamais des réprouvés ne seront le partage :
Ils ont tout perdu sans retour.

T 2

6. O brasiers de l'enfer, ô flammes dévorantes,
Qu'un Dieu, dans son courroux, ne cesse d'allumer,
Vous brûlez le pécheur, dans ces prisons ardentes,
  Hélas ! mais sans le consumer.

7. Que la mort pour toujours leur semble désirable !
Ils voudraient n'être plus, pour cesser de souffrir;
Mais c'est du ciel, contre eux, l'arrêt irrévocable :
  Souffrir toujours, jamais mourir.

8. Toujours dans leurs tourmens la même violence !
Non, ils n'espèrent point un état plus heureux :
Est-il, dans les enfers, un rayon d'espérance ?
  Toujours un désespoir affreux.

9. Un mal, quoique léger, nous semble insupportable,
Lorsque c'est pour long-temps qu'il nous faut l'endurer;
Mais l'enfer est le mal le plus intolérable,
  Et l'enfer doit toujours durer.

10. Après avoir souffert des millions d'années,
Et le plus long des temps que l'esprit peut penser,
Les damnés, loin de voir leurs peines terminées,
  Les sentiront recommencer.

11. De ces peines sans fin la pensée accablante
Afflige leur esprit sans cesser un moment :
L'éternité pour eux toute entière est présente :
  L'éternité fait leur tourment.

12. Eternels hurlemens, tortures éternelles;
Feux, brasiers éternels, éternelle fureur;
O peines de l'enfer, que vous êtes cruelles!
  Je le crois, et je suis pécheur !

13. O vous, cœurs obstinés, aveuglés dans le crime,
Qui ne redoutez point les coups vengeurs des cieux,
Un jour, ensevelis dans l'éternel abîme,
  Trop tard vous ouvrirez les yeux.

14. Craignons, mortels, craignons ce gouffre formidable;
Portons-en dans l'esprit un souvenir constant:
Le vice alors pour nous n'aura plus rien d'aimable,
  La vertu rien de rebutant.

15. Grand Dieu, Dieu tout-puissant, terrible en vos ven-
Purifiez nos cœurs avant notre trépas ;   [geances,
Coupez, brûlez, tranchez, punissez nos offenses :
    Pour toujours ne nous perdez pas.

~~~~~~~~~~

Nº. 17. PARADIS.
Air connu.

1.   SAINTE cité, demeure permanente,
    Sacré palais, qu'habite ce grand Roi,
    Où doit un jour régner l'âme innocente ;
    Quoi de plus doux que de penser à toi ?
        O ma patrie !
        O mon bonheur !
        Toute ma vie
    Sois le vœu de mon cœur.

2.   Dans tes parvis tout n'est plus qu'allégresse ;
    C'est un torrent des plus chastes plaisirs :
    On ne ressent ni peine ni tristesse ;
    On ne connaît ni plaintes ni soupirs.
        O ma patrie, etc.

3.   Tes habitans ne craignent plus d'orage ;
    Ils sont au port, ils y sont pour jamais :
    Un calme entier devient leur doux partage ;
    Dieu dans leur cœur verse un fleuve de paix.
        O ma patrie, etc.

4.   De quel éclat ce Dieu les environne !
    Ah ! je les vois tout brillans de clarté :
    Rien ne saurait y flétrir leur couronne :
    Leur vêtement est l'immortalité.
        O ma patrie, etc.

5.   Pour les élus il n'est plus d'inconstance,
    Tout est soumis au joug du saint amour ;
    L'affreux péché n'a plus là de puissance :
    Tout bénit Dieu dans cet heureux séjour.
        O ma patrie, etc.

6.   Beauté divine, ô beauté ravissante !
    Tu fais l'objet du suprême bonheur :

                                    B 3

Oh ! quand naîtra cette aurore brillante
Où nous pourrons contempler ta splendeur ?
    O ma patrie, etc.

7.   Puisque Dieu seul est notre récompense,
Qu'il soit aussi la fin de nos travaux ;
Dans cette vie un moment de souffrance
Mérite au ciel un éternel repos.
    O ma patrie !
    O mon bonheur !
    Toute ma vie,
Sois le vœu de mon cœur.

N°. 18. PURGATOIRE.

Air nouveau.

1.   Au fond des brûlans abîmes,
Nous gémissons, nous pleurons ;
Et pour expier nos crimes,
Loin de Dieu nous y souffrons.
    Hélas ! hélas !
Feu vengeur, de tes victimes
Les pleurs ne t'éteignent pas.
    Hélas ! hélas ! etc.

2.   A l'aspect de nos supplices,
Chrétiens, attendrissez-vous :
A nos maux soyez propices,
O nos frères ! sauvez-nous.
    Hélas ! hélas !
Le ciel, sans vos sacrifices,
Ne les abrégera pas.
    Hélas ! hélas ! etc.

3.   De ces flammes dévorantes
Vous pouvez nous arracher :
Hâtez-vous, âmes ferventes,
Dieu se laissera toucher.
    Hélas ! hélas !
De ces peines si cuisantes
La fin ne vient-elle pas ?
    Hélas ! hélas ! etc.

4.   Grand Dieu ! de votre justice
Désarmez le bras vengeur :
Que nòtre malheur finisse
Par le sang d'un Dieu sauveur.
Hélas ! hélas !
Votre main libératrice
Ne s'étendra-t-elle pas ?
Hélas ! hélas ! etc.

N?. 19.   CONFESSION.

AIR : *Jeunes amans, cueillez des fleurs.*

1.   O malheureux qui gémissez
Dans la misère, dans l'abîme !
O vous pécheurs, qui succombez
Sous le poids énorme du crime !
Voulez-vous recouvrer la paix,
Dieu, sa grâce et votre innocence ?
Venez confesser vos excès
Au trône de la pénitence.

2.   Voulez-vous désarmer le ciel,
Briser les traits de sa justice ?
Voulez-vous fléchir l'Eternel
Et vous le rendre plus propice ?
Venez avouer humblement
Au ministre de sa clémence,
Vos fautes, votre égarement,
Et recevoir la pénitence.

3.   Si vous osez douter, mortel,
De la puissance de l'Eglise,
Ecoutez l'oracle du ciel :
Que toute âme lui soit soumise ;
Sera délié dans les cieux
Ce qu'elle absoudra sur la terre;
Sans ce jugement précieux,
Redoutez de Dieu le tonnerre.

4.   Voyez couler au tribunal
Le sang de la sainte victime,

Qui doit laver l'arrêt fatal
Qu'avait encouru votre crime.
Voyez les anges s'empresser
A célébrer l'heureuse fête,
Qui dans les cieux doit annoncer
Votre retour et leur conquête.

5. Dès que vous aurez fait l'aveu
De vos péchés, de vos offenses,
Vont s'échapper des mains de Dieu,
Les traits de ses justes vengeances.
Sur vous brillera le rayon
De ses plus éclatantes grâces;
Il effacera, ce Dieu bon,
De vos péchés jusques aux traces.

6. Les cieux, par vos nobles efforts,
Vont se rouvrir sur votre tête;
De leur gloire tous les trésors
Vont devenir votre conquête.
Vous allez fermer, à vos yeux,
De l'enfer les affreux abîmes;
Vos larmes éteindront les feux
Allumés pour venger vos crimes.

7. Ne voyez dans le confesseur,
Que le ministre de Dieu même;
Le ministre de sa douceur,
De sa miséricorde extrême.
Comme le bon Samaritain,
Son cœur prendra part à vos peines.
Au nom d'un Dieu Sauveur, sa main
Brisera vos pesantes chaînes.

8. Approchez donc, d'un cœur contrit,
Avec une douleur amère;
Au ministre de Jésus-Christ
Faites l'aveu le plus sincère:
Dieu vous rendra son tendre amour,
Vos droits à la gloire immortelle;
Sa main va du divin séjour
Vous ouvrir la porte éternelle.

9. Mais si vous veniez sans douleur
A ce tribunal admirable,

Ah ! vous souilleriez votre cœur
D'un sacrilége abominable.
Si vous taisiez quelques péchés,
Ou si vous déguisiez vos vices,
Ils vous seraient tous reprochés
Au jour terrible des justices.

10.   Avez-vous le bien du prochain ?
Rendez-le au maître légitime ;
Arrachez l'œil, coupez la main,
Qui sont l'occasion du crime.
Si vous avez des ennemis,
Dans vos cœurs étouffez la haine ;
Qu'enfin, pour vos péchés commis,
Votre douleur soit souveraine.

11.   Dès que vous fuirez constamment
Les plaisirs, les dangers du monde,
Pour vous sera, ce sacrement,
De biens une source féconde.
Dans votre cœur, l'amour de Dieu
Ranimera sa flamme éteinte :
Vous ne formerez plus qu'un vœu ;
De vivre et mourir dans sa crainte.

12.   C'est alors que vous goûterez
Combien le Seigneur est aimable ;
C'est alors que vous trouverez
Son joug léger, doux, agréable.
Les croix, les soupirs, la douleur
Auront pour vous les plus doux charmes ;
Vous trouverez de la douceur
Même à verser pour Dieu des larmes.

N° 20 REGRETS

D'AVOIR TARDÉ SI LONG-TEMPS A AIMER LE SEIGNEUR.

Air nouveau.

GRACE, grâce, suspens l'arrêt de tes vengeances,
Et détourne un moment tes regards irrités ;
J'ai péché, mais je pleure ; oppose à mes offenses,
Oppose à leur grandeur celle de tes bontés.

Je sais tous mes forfaits, j'en connais l'étendue :
En tous lieux, à toute heure, ils parlent contre moi ;
Par tant d'accusateurs mon âme confondue
Ne prétend pas contre eux disputer devant toi.

Tu m'avais par la main conduit dès ma naissance ;
Sur ma faiblesse, en vain, je voudrais m'excuser ;
Tu m'avais fait, Seigneur, goûter ta connaissance ;
Mais, hélas ! de tes dons je n'ai fait qu'abuser.

De tant d'iniquités la foule m'environne :
Fils ingrat, cœur perfide, en proie à mes remords,
La terreur me saisit, je frémis, je frissonne ;
Pâle, et les yeux éteints, je descends chez les morts.

Ma voix sort du tombeau ; c'est du fond de l'abîme
Que j'élève vers toi mes douloureux accens :
Fais monter jusqu'aux pieds de ton trône sublime
Cette mourante voix et ces cris languissans.

O mon Dieu ! quoi ! ce nom, je le prononce encore !
Non, non, je t'ai perdu, j'ai cessé de t'aimer ;
O juge, qu'en tremblant je supplie et j'adore,
Grand Dieu, d'un nom plus doux je n'ose te nommer.

Dans les gémissemens, l'amertume et les larmes,
Je repasse des jours perdus dans les plaisirs ;
Et voilà tout le fruit de ces jours pleins de charmes :
Un souvenir affreux, la honte et les soupirs.

Ces soupirs devant toi sont ma seule défense ;
Par eux un criminel espère t'attendrir.
N'as-tu pas un trésor de grâce et de clémence ?
Dieu de miséricorde, il est temps de l'ouvrir.

Où fuir, où me cacher, tremblante créature,
Si tu viens en courroux pour compter avec moi ?
Que dis-je ? Etre infini, ta grandeur me rassure ;
Trop heureux de n'avoir à compter qu'avec toi ?

Près d'une majesté si terrible et si sainte,
Que suis-je ? un vil roseau : voudrais-tu le briser ?
Hélas ! si du flambeau la clarté s'est éteinte,
La mèche fume encor ; voudrais-tu l'écraser ?

Que l'homme soit pour l'homme un juge inexorable :
Où l'esclave aurait-il appris à pardonner ?
C'est la gloire du maître : absoudre le coupable
N'appartient qu'à celui qui peut le condamner.

Tu le peux ; mais souvent tu veux qu'il te désarme :
Il te fait violence ; il devient ton vainqueur :
Le combat n'est pas long ; il ne faut qu'une larme.
Que de crimes efface une larme du cœur !

Jamais de toi, grand Dieu, tu nous l'as dit toi-même,
Un cœur humble et contrit ne sera méprisé.
Voilà le mien ; regarde, et reconnais qu'il t'aime :
Il est digne de toi, la douleur l'a brisé.

Si tu le ranimais de sa première flamme,
Qu'il reprendrait bientôt sa joie et sa vigueur !
Mais non, fais plus pour moi, renouvelle mon âme ;
Et daigne, dans mon sein, créer un nouveau cœur.

De mes forfaits, alors, je te ferai justice,
Et ma reconnaissance armera ma rigueur.
Tu peux me confier le soin de mon supplice ;
Je serai contre moi mon juge et ton vengeur.

Le châtiment au crime est toujours nécessaire ;
Ma grâce est à ce prix ; il faut la mériter :
Je te dois, je le sais ; je te veux satisfaire ;
Donne-moi seulement le temps de m'acquitter.

Ah ! plus heureux celui que tu frappes en père !
Il connaît ton amour par ta sévérité ;
Ici-bas, quels que soient les coups de ta colère,
L'enfant que tu punis n'est pas déshérité.

Coupe, brûle ce corps, prends pitié de mon âme :
Frappe, fais-moi payer tout ce que je te dois :
Arme-toi, dans le temps, du fer et de la flamme ;
Mais, dans l'éternité, Seigneur, épargne-moi.

Quand j'aurais à tes lois obéi dès l'enfance,
Criminel en naissant, je ne dois que pleurer ;
Pour retourner à toi, la route est la souffrance ;
Loi triste, route affreuse !.... entrons sans murmurer.

De la main de ton Fils je reçois le calice ;
Mais je frémis ; je sens ma main prête à trembler :
De ce trouble honteux mon cœur est-il complice ?
Je suis le criminel ; voudrais-je reculer ?

C'est ton Fils qui le tient ; que ma foi se rallume :
Il en a bu lui-même : oserais-je en douter ?
Que dis-je ? il en a bu la plus grande amertume,
Il m'en laisse le reste, et je n'ose en goûter !

Je me jette à tes pieds, ô Croix, chaire sublime !
D'où l'homme de douleurs instruit tout l'univers ;
Saint autel où l'amour embrase la victime;
Arbre où mon Rédempteur a suspendu mes fers.

Drapeau du souverain qui marche à notre tête ;
Tribunal de mon juge, et trône de mon roi ;
Char du triomphateur dont je suis la conquête ;
Lit où j'ai pris naissance, il faut mourir sur toi.

No. 21. RÉNOVATION

DES VŒUX DU BAPTÊME.

Air connu.

1. J'ENGAGEAI ma promesse au baptême;
Mais pour moi d'autres firent serment :
Dans ce jour je vais parler moi-même,
Je m'engage aujourd'hui librement.
Je m'engage, etc.

2. Je crois donc en un Dieu trois personnes;
De mon sang je signerais ma foi :
Faible esprit, vainement tu raisonnes ;
Je m'engage à le croire, et je crois.
Je m'engage, etc.

3. - A la foi de ce premier mystère,
Je joindrai la foi d'un Dieu sauveur ;
Sous les lois de l'Eglise, ma mère,
Je m'engage et d'esprit et de cœur.
Je m'engage, etc.

4. Sur ces Fonts, dans cette eau salutaire,
Pour enfant, Dieu daigna m'adopter ;
Si j'en ai souillé le caractère,
Je m'engage à le mieux respecter.
Je m'engage, etc.

5. Je renonce aux pompes de ce monde,
A la chair, à tous ses vains attraits.
Loin de moi, Satan, esprit immonde,
Je m'engage à te fuir pour jamais.
Je m'engage, etc.

6. Ah ! Seigneur, qui sait bien vous connaître,
Sent bientôt que votre joug est doux :
C'en est fait, je n'ai plus d'autre maître ;
Je m'engage à ne servir que vous.
Je m'engage, etc.

7. Sur vos pas, ô mon divin modèle !
Plus heureux qu'à la suite des rois,
Plein d'horreur pour ce monde infidèle,
Je m'engage à porter votre croix.
Je m'engage, etc.

8. Puisqu'enfin dans le ciel, ma patrie,
De mes biens vous serez le plus doux,
Dès ce jour, et pour toute ma vie,
Je m'engage, et je suis tout à vous.
Je m'engage, etc.

N°. 22. ENGAGEMENT

D'ÊTRE A DIEU POUR TOUJOURS.

Air de la Marche des Gardes Françaises.

Une voix.

1. QUAND l'eau sainte du Baptême
Coula sur vos fronts naissans,
Et qu'un Dieu, la bonté même,
Vous adopta pour enfans,
Muets encore,
D'autres promirent pour vous :
Aujourd'hui confessez tous
La foi dont un chrétien s'honore.

Tous les Fidèles.

Foi de nos pères,
Notre règle et notre amour ;
Nous embrassons, dans ce jour,
Et ta morale et tes mystères.

2.   Eu vain, à ma foi soumise,
S'oppose un orgueil trompeur;
Sur les traces de l'Eglise,
Puis-je marcher dans l'erreur ?
        Trinité sainte,
Je te confesse et te crois,
Et je t'adore trois fois,
Et plein d'amour, et plein de crainte,
        Foi de nos pères, etc.

3.   Annoncé par mille oracles,
Et de la terre l'espoir,
L'homme-Dieu, par ses miracles,
Fait éclater son pouvoir.
        Victime pure,
Il triomphe du trépas:
Et je n'adorerais pas
En lui, l'auteur de la nature !
        Foi de nos pères, etc.

4.   Que sa morale est divine !
Que sa parole a d'attrait !
Tous les cœurs qu'il illumine,
Il les console en secret.
        Et l'on blasphême
Ce Dieu fait homme pour nous !
Ingrats ! tombez à genoux.....
Voyez s'il mérite qu'on l'aime.
        Foi de nos pères, etc.

5.   Par un funeste héritage,
Nos parens avec le jour,
Nous transmirent en partage
La haine d'un Dieu d'amour.
        J'implore et crie:
Dieu s'offense de mes pleurs;
Mais Jésus a dit: Je meurs;
Et sa mort me rend à la vie.
        Foi de nos pères, etc.

6.   Ciel! quelle robe éclatante !
Quel bain pur et bienfaisant !

Quelle parole puissante
D'un Dieu m'a rendu l'enfant !
Je te baptise......
Le ciel s'ouvre, plus d'enfer ;
Et des Anges le concert
M'introduit au sein de l'Eglise.
Foi de nos pères, etc.

7. De quel œil de complaisance
Vous me vîtes, ô mon Dieu !
Quand, revêtu d'innocence,
On m'emporta du saint lieu !
Pensée amère !
O beau jour trop tôt passé !
Hélas ! je me suis lassé,
Mon Dieu, de vous avoir pour père.
Foi de nos pères, etc.

8. J'ai blessé votre tendresse,
Violé vos saintes lois :
Vous me rappeliez sans cesse ;
Je repoussais votre voix.
Du moins mes larmes
Obtiendront-elles pardon !
Seigneur, de votre maison
Je puis encor goûter les charmes.
Foi de nos pères, etc.

9. Loin de moi, monde profane ;
Fuis, ô plaisir séduisant !
L'Evangile vous condamne ;
Vous blessez en caressant.
Sous votre empire,
Mon Dieu, sont les vrais trésors ;
Vos douceurs sont sans remords,
C'est pour elles que je soupire.
Foi de nos pères, etc.

10. Loin de ces tentes coupables,
Où s'agite le pécheur,
Sous vos pavillons aimables,
Je trouve le vrai bonheur :

Avant l'aurore,
Mon cœur vous appellera ;
Et quand le jour finira ,
Mes chants vous béniront encore.
Foi de nos pères,
Notre règle et notre amour ;
Nous embrassons, dans ce jour,
Et ta morale et tes mystères.

N°. 23. AUTRE SUR LE MÊME SUJET.

AIR : *Jadis un célèbre empereur.*

1. Mon cœur, en ce jour solennel,
    Il faut enfin choisir un maître ;
    Balancer serait criminel,
    Quand Dieu seul est digne de l'être.
    C'en est donc fait, ô Dieu sauveur !   } *bis.*
    A vous seul je donne mon cœur.

2. A qui doit-il appartenir,
    Ce cœur qui vous doit l'existence,
    Que vous avez daigné nourrir
    De votre immortelle substance ?
    C'en est, etc.

3. A chercher la félicité,
    Hélas ! en vain je me consume ;
    Loin de vous tout est vanité,
    Déplaisir, tristesse, amertume.
    C'en est, etc.

4. Vous seul pouvez me rendre heureux ;
    Je le sens ; oui, votre présence,
    A pleinement comblé mes vœux,
    Et fixé ma longue inconstance.
    C'en est, etc.

5. Que sont tous les biens d'ici-bas ?
    Qu'ils ont peu de valeur réelle !
    Tous ensemble ils ne peuvent pas
    Satisfaire une âme immortelle.
    C'en est, etc.

6.   Que puis-je désirer de plus ?
Je possède mon Dieu lui-même.
Ah ! tous les biens sont superflus
Quand on jouit du bien suprême.
C'en est, etc.

7.   En vain trop séduisans plaisirs,
Vous faites briller tous vos charmes ;
Vous trompez toujours nos désirs,
Et vous finissez par des larmes.
C'en est, etc.

8.   Dans votre festin précieux,
Quelle innocente et douce ivresse !
Oh ! quels plaisirs délicieux
Me fait goûter votre tendresse.
C'en est, etc.

9.   Le monde prétend à tout prix
Qu'à suivre ses lois je m'engage ;
Tu n'obtiendras que mon mépris,
Monde aussi trompeur que volage.
C'en est, etc.

10.   Vous m'avez dit avec douceur :
Mon enfant, prends un joug aimable ;
Quand on le porte avec ardeur,
Il est léger, doux, agréable.
C'en est, etc.

11.   Qu'ils sont étonnans vos bienfaits !
Leur grandeur fait mon impuissance ;
Et comment pourrai-je jamais
Acquitter ma reconnaissance ?
C'en est, etc.

12.   Vous voulez bien me demander
De mon cœur la chétive offrande :
Hésiterais-je d'accorder
Ce que le Tout-Puissant demande ?
C'en est, etc.

13.   Oui, ce cœur vous est consacré ;
Je veux que toujours il vous aime.
J'en atteste le don sacré
Qu'il tient de votre amour extrême.
C'en est donc fait, ô Dieu Sauveur ! }
A vous seul je donne mon cœur. } *Bis.*

Nº 24. ACTIONS DE GRACES.

Air : *O Fontenay.*

Le monde en vain , par ses biens et ses charmes
Veut m'engager à plier sous sa loi ;
Mais pour me vaincre , il faut bien d'autres armes :
Je ne crains rien , Jésus est avec moi.   (*Bis.*)

Venez , venez , fiers enfans de la terre ;
Déchaînez-vous pour me remplir d'effroi :
Quand de concert vous me feriez la guerre,
Je ne crains rien , Jésus est avec moi.

Cruel Satan , arme-toi de ta rage :
Que tes démons se liguent avec toi :
Tu ne pourras abattre mon courage ;
Je ne crains rien , Jésus est avec moi.

Non , non , jamais la mort la plus cruelle
Ne me fera trahir ce divin Roi ;
Jusqu'au trépas je lui serai fidèle :
Je ne crains rien , Jésus est avec moi.

Que les enfers , les airs , la terre et l'onde
Conspirent tous à me remplir d'effroi :
Quand je verrais s'écrouler tout le monde ,
Je ne crains rien , Jésus est avec moi.

Divin Jésus, mon unique espérance,
Vous pouvez tout : oui , Seigneur, je le crois.
Augmentez donc pour vous ma confiance ;
Je ne crains rien , Jésus est avec moi.   (*Bis.*)

Nº 25. RESIGNATION DANS LES SOUFFRANCES

Air : *O ma tendre musette.*

Voilà donc mon partage :
La souffrance ou la mort.
Dieu l'ordonne ; il est sage :
Je dois bénir mon sort.
Au printemps de ma vie
J'ai cueilli quelques fleurs
Pour punir ma folie,
Dieu me condamne aux pleurs

En vain, monde frivole,
Tu veux les adoucir :
Lorsqu'un Dieu me console,
Ah ! laisse-moi souffrir.
Tes biens, tes espérances,
Tes plaisirs ne sont rien,
Et j'ai dans les souffrances,
La source de tout bien.

Si le Dieu des vengeances
Appesantit ses coups,
Mes maux et mes souffrances
Calmeront son courroux.
S'il est juge, il est père;
Il entendra ma voix;
Et le Dieu du Calvaire
Sait adoucir les croix.

Il connaît mes alarmes,
Il compte mes soupirs;
Il veut payer mes larmes
Par d'éternels plaisirs.
Doux espoir qui ranime
Et soulage mon cœur!
Si je suis sa victime,
Il sera mon bonheur.

J'allais de crime en crime
Me perdre pour toujours;
Déjà le noir abîme
Qui demandait mes jours,
Mais sur moi sa clémence
A daigné s'attendrir;
Je vis dans la souffrance,
Je ne puis plus mourir.

Loin de moi le murmure;
Quand je souffre pour vous
La peine la plus dure
Est un tourment bien doux:

O Jésus! mon modèle,
Frappez de plus en plus;
Oh! qu'une croix est belle,
Quand on aime Jésus!

Pour un Dieu que l'on aime,
Souffrir est un bienfait;
Et la souffrance même
Est un plaisir parfait.
Ah! qu'on trouve de charmes
A pleurer chaque jour,
Quand on répand des larmes
Pour un Dieu plein d'amour.

Vous qui de ce bon Père
Eprouvez le courroux,
Montez sur le Calvaire,
Voyez.... et plaignez-vous.
Si Jésus, sans se plaindre,
Est mort dans les douleurs
Un pécheur doit-il craindre
De verser quelques pleurs?

O Marie! ô ma mère!
Quelle est votre langueur?
Un glaive sanguinaire
A percé votre cœur.
O Jésus! ô Marie!
Vous n'aimez que la croix;
Et j'aurais la folie
De faire un autre choix.

C'en est fait, je l'embrasse,
O Croix, source d'amour!
Grand Dieu, fais par ta grâce
Que je l'aime toujours.
Un pécheur pour te plaire,
Ne doit plus que souffrir;
Et pour te satisfaire,
Ou souffrir, ou mourir.

****

N° 26. DOUCEURS DE LA LOI DE DIEU.

AIR : *Que j'aime à voir les hirondelles.*

O mon Dieu, que votre loi sainte
Est aimable! ah! qu'elle a d'appas!
Quand on l'observe avec contrainte,
Sans doute on ne la connaît pas.
Mille fois elle est préférable
Aux trésors les plus précieux;
Le plaisir le plus agréable
N'a rien de si délicieux.

Elle est sainte, elle sanctifie;
Elle éclaire et guide l'esprit;
Elle est pure, elle purifie;
Change les cœurs et les guérit.
Votre loi donne la sagesse
Aux petits, aux humbles de cœur;
Elle les remplit d'allégresse,
Elle les comble de douceur.

Elle est simple, elle est véritable,
Elle-même est la vérité;
Elle est juste, elle est équitable,
Et la règle de l'équité;
De nos cœurs la règle infaillible,
Qui la suit ne saurait tomber;
Elle est droite: elle est inflexible,
Et l'on ne saurait la courber.

Votre loi n'est pas variable,
Ni sujette à des changemens :
Elle est constante, inaltérable,
Et toujours la même en tout temps.
Comme vous, elle est éternelle,
O grand Dieu! saint législateur!
Qu'elle est charmante! qu'elle est belle!
Qu'elle est digne de son auteur!

O mondains! vos contes frivoles,
Vos discours pleins de vanité,
N'ont rien de semblable aux paroles
De l'éternelle vérité.
Vos plaisirs qui charment la vie,
Vos fêtes, vos jeux, vos festins,
N'ont rien dont l'âme soit ravie
Comme des préceptes divins.

C'est un joug, mais un joug aimable,
Que l'amour rend doux et léger;
Ah! bien loin d'être insupportable,
Il soulage, au lieu d'accabler.
Puisque c'est aimer Dieu lui-même
Que d'aimer sa divine loi;
Loi de mon Dieu, que je vous aime
D'un amour que Dieu forme en moi.

Qu'en ce lieu de pélerinage,
Mon plaisir soit de vous chanter;
Et que ce soit tout mon partage
De vous lire et vous méditer.
O mon Dieu! que par votre grâce
Votre loi règle tous mes pas!
Des droits sentiers qu'elle me trace,
Ah! que je ne m'éloigne pas!

Nº 27. FERVEUR.

AIR : *L'aurore vient de naître.*

GOUTEZ, âmes ferventes,
Goûtez votre bonheur;
Mais demeurez constantes,
Dans votre sainte ardeur.
Heureux le cœur fidèle
Où règne la ferveur!
On possède avec elle
Tous les dons du Seigneur. *bis.*

Elle est le vrai partage
Et le sceau des élus;

Elle est l'appui, le gage
Et l'âme des vertus.
Heureux, etc.

Par elle la foi vive
S'allume dans les cœurs,
Et sa lumière active
Guide et règle nos mœurs.
Heureux, etc.

Par elle, l'espérance
Ranime ses soupirs,

Et croit jouir d'avance
Des célestes plaisirs.
Heureux, etc.

Par elle, dans les âmes,
S'accroît, de jour en jour,
L'activité des flammes
Du pur et saint amour.
Heureux, etc.

C'est sa vertu puissante
Qui garantit nos sens
De l'amorce attrayante
Des plaisirs séduisans.
Heureux, etc.

C'est sous sa vigilance
Que l'esprit et le cœur
Conservent l'innocence
Et l'aimable pudeur.
Heureux, etc.

C'est elle qui de l'âme
Dévoile la grandeur.
Et le zèle s'enflamme
Par sa vive chaleur.
Heureux, etc.

De l'âme pénitente
Elle adoucit les pleurs;
Et de l'âme souffrante
Elle éteint les douleurs.
Heureux, etc.

Celui qui fut docile
A vivre sous ses lois,
Parcourt d'un pas agile
La route de la croix.
Heureux, etc.

Par elle, du martyre
Les sanglantes rigueurs,
Au cœur qui les désire
N'offrent que des douceurs.
Heureux, etc.

Elle est, pour qui seconde
Ses généreux efforts,
Une source féconde
De celestes trésors.
Heureux, etc.

Une larme sincère,
Un seul soupir du cœur,
Par elle, a de quoi plaire
Aux yeux purs du Seigneur.
Heureux, etc.

C'est elle qui prépare
Tous ces traits de beauté,
Dont la main de Dieu pare
Les Saints dans sa clarté.
Heureux, etc.

Sous ses heureux auspices
On goûte les bienfaits,
Les charmes, les délices
De la plus douce paix,
Heureux, etc.

Mais sans sa vive flamme
Tout déplaît, tout languit,
Et la beauté de l'âme
Se fane et dépérit.
Heureux le cœur fidèle
Où règne la ferveur !
On n'a part qu'avec elle
Aux saints dons du Seigneur.

N° 28. RETRAITE.

AIR : *Dans ce doux séjour.*

1.   PLAISIRS inouïs,
Paix la plus parfaite,
Ce sont là tes fruits,
Charmante retraite;
Monde, je romps tes liens,
Pour goûter de si grands biens.

2.   Oui, c'est dans ce lieu,
Que le ciel m'appelle;
Pour plaire à mon Dieu,
J'y cours avec zèle:
C'est là que mon Rédempteur
Veut s'assurer de mon cœur.

3.   Quel ardent amour
Vous fîtes paraître
Pour ce beau séjour,
Saint et divin Maître!
Le désert fit vos plaisirs,
Et remplit tous vos désirs,

4.   Tous les bienheureux
L'ont aimé de même;
J'en ferai comme eux
Mon bonheur suprême :
Si l'on ne veut plus pécher,
Comme eux il faut se cacher.

5.   Mes besoins, mes maux
Me disent sans cesse:
Va dans le repos
Chercher la sagesse;
C'est dans le recueillement
Qu'on la trouve sûrement.

6.   Précieux séjour,
Aimable retraite,
Ici, chaque jour,
Sans être distraite,

Mon âme, dans son Sauveur,
Trouvera tout son bonheur.

7.   Que de ses trésors
L'avare soit ivre;
Qu'à tous ses transports
Le mondain se livre:
Retiré dans ce saint lieu,
Je le plains, et bénis Dieu.

8.   De mon Créateur
J'y vois la puissance;
De mon Rédempteur
L'insigne clémence,
Et de mon Juge irrité
La sévère autorité.

9.   D'un air menaçant
Il me parle, il tonne;
Ce Dieu tout-puissant
M'éblouit, m'étonne;
Il m'apprend ses saintes lois;
Mes yeux s'ouvrent à sa voix.

10.   Mes crimes nombreux
S'offrent à ma vue;
Ah! qu'ils sont affreux!
J'en ai l'âme émue:
Je ne vois que châtiment,
Si je ne change à l'instant.

11.   D'un pervers qui meurt
L'image effrayante,
D'un juge vengeur
La voix foudroyante
Troublent mon cœur tour-à-tour,
Et m'alarment nuit et jour.

12.   L'enfer, à mes yeux,
Sous mes pieds s'entr'ouvre;
Mille maux affreux
Ma foi m'y découvre:
Ah! trop tard j'ai médité
La terrible éternité.

13.   Je frémis des coups
D'un Dieu redoutable ;
Mais, ciel ! qu'il est doux ;
Qu'il se rend aimable,
Quand, par un vrai repentir
On veut à lui revenir !

14.   Touché de mes pleurs,
Père, il me pardonne ;
De mille faveurs
Sa main me couronne :
Quelle ineffable bonté
Ah ! j'en suis tout transporté.

15.   Heureux les chrétiens
Qui, dans la retraite,
Font de tous ces biens
L'entière conquête ;
Qui, par un prompt changement
Se font un sort si charmant !

16.   Pour bien profiter
De cet exercice,
Il faut s'écarter
Du monde et du vice,
Et sonder avec rigueur
Tous les replis de son cœur.

17.   Prier fréquemment,
Garder le silence,
Voilà sûrement
L'unique science
Pour cueillir dans ce saint temps
Les fruits les plus abondans.

18.   Apprenons donc tous,
Chrétiens, à nous taire,
Tandis que dans nous
L'Esprit-saint opère :
En parlant nous traversons
Ses divines fonctions.

19.   Puissiez-vous soudain
Devenir muettes,

C

Ou vous mettre un frein,
Langues indiscrètes,
Qui troublez dans ce saint lieu
L'œuvre de l'Esprit de Dieu.

20.   Venez tous, pécheurs;
Venez aux retraites,
Goûter des douceurs
Pures et parfaites;
Venez, lavez dans vos pleurs,
De vos crimes les horreurs.

N° 29. VANITÉS DU MONDE.

Air militaire du drapeau.

1.   Tout n'est que vanité,
Mensonge, fragilité,
Dans tous ces objets divers
Qu'offre à nos regards l'univers.
Tous ces brillans dehors,
Cette pompe,
Ces biens, ces trésors,
Tout nous trompe,
Tout nous éblouit;
Mais tout nous échappe et nous fuit.

2.   Telles qu'on voit les fleurs,
Avec leurs vives couleurs,
Eclore, s'épanouir,
Se faner, tomber et périr;
Tel est des vains attraits
Le partage;
Tels l'éclat, les traits
Du bel âge,
Après quelques jours,
Perdent leur beauté pour toujours.

3.   En vain pour être heureux,
Le jeune voluptueux

Se plonge dans les douceurs
Qu'offrent les mondains séducteurs;
Plus il suit les plaisirs
Qui l'enchantent,
Et moins ses désirs
Se contentent;
Le bonheur le fuit
A mesure qu'il le poursuit.

4. Que doivent devenir,
Pour l'homme qui doit mourir,
Ces biens long-temps amassés?
Cet argent, cet or entassés?
Fut-il du genre humain
Seul le maître,
Pour lui tout enfin
Cesse d'être;
Au jour de son deuil,
Il n'a plus à lui qu'un cercueil.

5. Que sont tous ces honneurs,
Ces titres, ces noms flatteurs?
Où vont de l'ambitieux
Les projets, les soins et les vœux?
Vaine ombre, pur néant,
Vil atôme,
Mensonge amusant,
Vrai fantôme,
Qui s'évanouit,
Après l'avoir toujours séduit.

6. Tel qui voit aujourd'hui
Ramper au-dessous de lui
Un peuple d'adorateurs,
Qui brigue à l'envi ses faveurs;
Tel devenu demain
La victime
D'un revers soudain
Qui l'opprime,
Nouveau malheureux,
Est esclave et rampe comme eux.

C 2

7.   J'ai vu l'impie heureux
Porter son air fastueux
Et son front audacieux
Au dessus du cèdre orgueilleux;
   Au loin tout révérait
      Sa puissance,
   Et tout adorait
      Sa présence.
   Je passe, et soudain
Il n'est plus, je le cherche en vain.

8.   Que sont donc devenus
Ces grands, ces guerriers connus,
Ces hommes dont les exploits
Ont soumis la terre à leurs lois?
   Les traits éblouissans
      De leur gloire;
   Leurs noms florissans,
      Leur mémoire,
   Avec les héros
Sont entrés au sein des tombeaux,

9.   Au savant orgueilleux
Que sert un génie heureux,
Un nom devenu fameux
Par mille travaux glorieux?
   Non, les plus beaux talens,
      L'éloquence,
   Les succès brillans,
      La science,
   Ne servent de rien
A qui ne sait vivre en chrétien.

10.   Arbitre des humains,
Dieu seul tient entre ses mains
Les évènemens divers
Et le sort de tout l'univers:
   Seul, il n'a qu'à parler,
      Et la foudre
   Va frapper, brûler,
      Mettre en poudre

Les plus grands héros,
Comme les plus vils vermisseaux.

11. La mort, dans son courroux,
Dispense, à son gré ses coups;
N'épargne ni le haut rang,
Ni l'éclat auguste du sang.
Tout doit un jour mourir,
Tout succombe;
Tout doit s'engloutir
Dans la tombe:
Les sujets, les rois,
Iront s'y confondre à la fois.

12. Oui, la mort, à son choix,
Soumet tout âge à ses lois;
Et l'homme ne fut jamais
A l'abri d'un seul de ses traits:
Comme sur son retour,
La vieillesse,
Dans son plus beau jour,
La jeunesse,
L'enfance au berceau,
Trouvent tour-à-tour leur tombeau.

13. Oh! combien malheureux
Est l'homme présomptueux,
Qui, dans ce monde trompeur,
Croit pouvoir trouver son bonheur!
Dieu seul est immortel,
Immuable,
Seul grand, éternel,
Seul aimable;
Avec son secours,
Soyons à lui seul pour toujours.

N° 30. SUR LA PASSION

DE NOTRE SEIGNEUR JÉSUS-CHRIST.

AIR : *Que ne suis-je la fougère.*

1. Au sang qu'un Dieu va répandre
Ah! mêlez du moins vos pleurs,

C 3

Chrétiens, qui venez entendre
Le récit de ses douleurs.
Puisque c'est pour vos offenses
Que ce Dieu souffre aujourd'hui
Animés par ses souffrances,
Vivez et mourez pour lui.

2.   Dans un jardin solitaire,
Il sent de rudes combats;
Il prie, il craint, il espère;
Son cœur veut et ne veut pas;
Tantôt la crainte est plus forte,
Et tantôt l'amour plus fort;
Mais enfin l'amour l'emporte,
Et lui fait choisir la mort.

3.   Judas, que la fureur guide,
L'aborde d'un air soumis;
Il l'embrasse,... et ce perfide
Le livre à ses ennemis.
Judas, un pécheur t'imite,
Quand il feint de l'apaiser;
Souvent sa bouche hypocrite
Le trahit par un baiser.

4.   On l'abandonne à la rage
De cent tigres inhumains;
Sur son aimable visage
Les soldats portent leurs mains.
Vous deviez, anges fidèles,
Témoins de ces attentats,
Ou le mettre sous vos ailes,
Ou frapper tous ces ingrats.

5.   Ils le traînent au grand-prêtre,
Qui seconde leur fureur,
Et ne veut le reconnaître
Que pour un blasphémateur.
Quand il jugera la terre,
Ce Sauveur aura son tour:
Aux éclats de son tonnerre
Tu le connaîtras un jour.

6.   Tandis qu'il se sacrifie,
Tout conspire à l'outrager ;
Pierre lui-même l'oublie,
Et le traite d'étranger :
Mais Jésus perce son âme
D'un regard tendre et vainqueur,
Et met d'un seul trait de flamme
Le repentir dans son cœur.

7.   Chez Pilate, on le compare
Au dernier des scélérats :
Qu'entends je ? ô peuple barbare!
Tes cris sont pour Barabbas :
Quelle indigne préférence !
Le juste est abandonné,
On condamne l'innocence,
Et le crime est pardonné !

8.   On le dépouille, on l'attache ;
Chacun arme son courroux :
Je vois cet Agneau sans tache
Tombant presque sous les coups.
C'est à nous d'être victimes ;
Arrêtez, cruels bourreaux !
C'est pour effacer vos crimes
Que son sang coule à grands flots.

9.   Une couronne cruelle
Perce son auguste front :
A ce chef, à ce modèle,
Mondains, vous faites affront.
Il languit dans les supplices ;
C'est un homme de douleurs :
Vous vivez dans les délices,
Vous vous couronnez de fleurs.

10.   Il marche, il monte au Calvaire,
Chargé d'un infâme bois :
De là, comme d'une chaire,
Il fait entendre sa voix :
Ciel, dérobe à ta vengeance
Ceux qui m'osent outrager ;

C'est ainsi, quand on l'offense,
Qu'un chrétien doit se venger.

11.   Une troupe mutinée
L'insulte et crie à l'envi :
S'il changeait sa destinée,
Oui, nous croirions tous en lui.
Il peut la changer sans peine,
Malgré vos nœuds et vos clous;
Mais le seul nœud qui l'enchaîne,
C'est l'amour qu'il a pour nous.

12.   Ah ! de ce lit de souffrance,
Seigneur, ne descendez pas;
Suspendez votre puissance,
Restez-y jusqu'au trépas.
Mais tenez votre promesse,
Attirez-nous après vous;
Pour prix de votre tendresse,
Puissions-nous y mourir tous !

13.   Il expire, et la nature,
Dans lui pleure son auteur;
Il n'est point de créature
Qui ne marque sa douleur.
Un spectacle si terrible
Ne pourra-t-il me toucher ?
Et serai-je moins sensible
Que n'est le plus dur rocher ?

N° 31. PLANTATION DE LA CROIX.

Air : *Dirai-je mon Confiteor ?*

1.   Vive Jésus! vive sa croix !
Oh ! qu'il est bien juste qu'on l'aime,
Puisqu'en expirant sur ce bois,
Il nous aima plus que lui-même !
Disons donc tous à haute voix:
Vive Jésus! vive sa croix !

2.   Vive Jésus ! vive sa croix
Car Jésus l'ayant épousée,

Elle n'est plus, comme autrefois
Objet d'horreur et de risée.
Disons donc tous, etc.

3.   Vive Jésus! vive sa croix!
Où notre Sauveur débonnaire,
Par ses langueurs et ses abois,
Satisfit pour nous à son Père.
Disons donc tous, etc.

4.   Vive Jésus! vive sa croix!
La chaire de son éloquence,
Où me prêchant ce que je crois,
Il m'apprend tout par son silence.
Disons donc tous, etc.

5.   Vive Jésus! vive sa croix!
Où Jésus, par un choix très-sage,
Se dépouillant de tous ses droits,
S'acquiert un illustre héritage.
Disons donc tous, etc.

6.   Vive Jésus! vive sa croix!
Puisqu'elle nous est si féconde,
Que par la mort du Roi des rois
Elle donne la vie au monde.
Disons donc tous, etc.

7.   Vive Jésus! vive sa croix!
Arbre dont le fruit salutaire
Répare le mal qu'autrefois
Nous fit celui du premier père.
Disons donc tous, etc.

8.   Vive Jésus! vive sa croix!
Ce n'est pas le bois que j'adore;
Mais c'est le Sauveur en ce bois,
Que je respecte et que j'honore.
Disons donc tous à haute voix:
Vive Jésus! vive sa croix!

N° 32. MÊME SUJET.

Air connu.

1.   DANS ce profond mystère,
Où la foi sait te voir,
Tout en nous te révère,
Et fixe notre espoir;
A la fin de la vie,
Divine Eucharistie,
Nourris du pain d'amour,
Dans la cité chérie
Nous te verrons un jour.

2.   Puisse notre tendresse
Obtenir de ton cœur,
La sublime sagesse
Qui mène au vrai bonheur!
A la fin de la vie, etc.

3.   Que tout en nous s'unisse
Pour chanter tes bienfaits:
Que ta bonté bénisse
Nos vœux et nos souhaits.
A la fin de la vie, etc.

4.   Sur nous daigne répandre
Tes bénédictions,
Et fais-nous bien comprendre
La grandeur de tes dons.
A la fin de la vie, etc.

N° 33. BÉNÉDICTION.

Air connu:

1.   ADORONS ici notre Dieu;
C'est lui, Chrétiens, rendons-lui notre hommage;
Que la foi perce le nuage
Qui nous le cache en ce saint lieu.   (*bis.*)

2.   Prosternons-nous tous à ses pieds;
Brisons nos cœurs, implorons sa clémence;
  Si grande que soit notre offense,
  Son sang suffit pour l'expier.   (*bis.*)

3.   Bénissez-nous, ô doux Jésus!
Jetez sur nous un regard salutaire:
  Ce doux regard d'un tendre père,
  Ce regard qui fait les élus.   (*bis.*)

Après la Bénédiction.

4.   Gloire, honneur, bénédiction;
Gloire au Seigneur, le Sauveur de nos âmes;
  Que nos cœurs dans de saintes flammes
  Brûlent toujours pour son saint nom.   (*bis.*)

N° 34. MÊME SUJET.

Air : *Oiseaux témoins.*

1.   Que cette voûte retentisse
Des voix et des chants des mortels;
Que tout ici s'anéantisse :
Jésus paraît sur nos autels.

2.   Quoique caché dans ce mystère;
Sous les apparences du pain,
C'est notre Dieu, c'est notre père;
C'est le Sauveur du genre humain.

3.   O divin époux de nos âmes!
Dans cet auguste sacrement,
Embrasez-nous tous de vos flammes;
En vous faisant notre aliment.

N° 35. ASPIRATIONS ENVERS JESUS-CHRIST,

AVANT LA COMMUNION.

Air : *Un inconnu pour vos charmes, etc.*

1.   Mon bien-aimé ne paraît pas encore:
Trop longue nuit, dureras-tu toujours?

C 6

Nuit que j'abhorre,
Hâte ton cours;
Rends-moi, Jésus, ma joie et mes amours:
Pour être heureux, je n'attends que l'aurore.

2. De ton flambeau déjà les étincelles,
Astre du jour, raniment mes désirs:
Tu renouvelles
Tous mes soupirs.
Servez mes vœux, avancez mes plaisirs;
Anges du ciel, portez-moi sur vos ailes.

3. Je t'aperçois, asile redoutable,
Où l'Eternel descend de sa grandeur,
Temple adorable
Du Rédempteur;
Si dans tes murs il voile sa splendeur,
Ce Dieu d'amour n'en est que plus aimable.

4. Sans nul éclat le vrai Dieu va paraître;
De cet autel il vient s'unir à moi.
Est-ce mon maître?
Est-ce mon roi?
Laissez, mes yeux, laissez agir ma foi:
Un œil chrétien ne peut le méconnaître.

5. Du Roi des rois je suis le tabernacle:
Oui, de mon âme un Dieu devient l'époux.
Charmant spectacle!
Espoir trop doux!
Rendez, grand Dieu, mon cœur digne de vous;
Votre amour seul peut faire ce miracle.

6 Je m'attendris sans trouble et sans alarmes;
Amour divin, je ressens vos langueurs;
Heureuses larmes!
Aimables pleurs!
Oh! que mon cœur y trouve de douceurs!
Tous vos plaisirs, mondains, ont-ils ces charmes?

7. Tristes penchans, malheureux fruits du crime,
C'est vous qu'il veut que j'immole à son choix:

Ce Dieu m'anime;
Suivons ses lois.
Parlez, Seigneur, et j'écoute votre voix;
Mon cœur est prêt, nommez-lui la victime.

8.   Ce pain des forts soutiendra mon courage;
Venez, démons, de mon bonheur jaloux;
Que votre rage
Vous arme tous:
Je ne crains point vos plus terribles coups;
De ma victoire un Dieu devient le gage.

Il me remplit d'une douce espérance;
Qui me suivra plus loin que le trépas,
Si sa puissance
Soutient mon bras.
C'est peu pour lui d'animer mes combats;
Il veut encore être ma récompense.

10.   Pour un pécheur que sa tendresse est grande!
Qu'elle mérite un généreux retour!
Dieu! quelle offrande
Pour tant d'amour!
Prenez mon cœur, je vous l'offre en ce jour:
Ce cœur suffit, c'est tout ce qu'il demande.

N° 36. SUR LE MYSTÈRE DE L'EUCHARISTIE.

AIR : *Peuple français, etc.*

1.   Toi dont la puissance infinie
Du néant a fait l'univers;
O toi qui règles l'harmonie
Des globes roulans dans les airs;
Du haut de ton trône immuable,
Seigneur, daigne écouter nos chants;
Prête une oreille favorable
Aux vœux de tes faibles enfans.   } *bis.*

2.   Gardiens des célestes portiques,
Chérubins, d'amour embrasés,

Pour vous unir à nos cantiques,
Quittez la gloire où vous régnez ;
A notre douce et sainte ivresse
Accourez mêler vos transports,
Votre amour à notre tendresse,
Et vos accords à nos accords.   } *bis.*

3.   Tel qu'un monarque débonnaire,
Fuyant le faste de sa cour,
Descend jusqu'à l'humble chaumière
Où le pauvre fait son séjour ;
Tel, et plus généreux encore,
Des cieux abaissant la hauteur,
Le Dieu que l'univers adore
Est descendu dans notre cœur.   } *bis.*

4.   Quel torrent de pures délices
M'inonda près de vos autels !
Seigneur, j'y goûtai les prémices
Des plaisirs purs des immortels ;
Là, de joie et d'amour ravie,
Mon âme, en ce jour fortuné,
S'est paisiblement endormie
Sur le sein de son bien-aimé.   } *bis.*

5.   Disparaissez, plaisirs fragiles,
Tristes voluptés d'un instant ;
Loin de moi, richesses stériles,
Honneurs, gloire, pompeux néant ;
Je l'ai choisi pour mon partage,
Celui qui seul me rend heureux :
Enfant du ciel, pour héritage,
J'aspire à posséder les cieux.   } *bis.*

6.   Ah ! si de nos fêtes chéries,
Jamais, coupable déserteur,
Je courais aux tentes impies
D'un peuple prévaricateur ;
Je veux que ma droite arrachée
Périsse en cet affreux moment,
Et que ma langue desséchée
S'attache à mon palais brûlant.   } *bis.*

7. Seigneur, en traits ineffaçables,
Grave en mon cœur ta sainte loi ;
Rends-moi tes préceptes aimables,
Augmente l'ardeur de ma foi :
A nos vœux donne la victoire
Sur la superbe impiété,
Et nous célébrerons ta gloire   } *bis.*
Dans l'immobile éternité.

N° 37. SUR L'AVENT.

Air : *Laissez paître, etc.*

1. VENEZ, divin Messie,
Sauvez nos jours infortunés ;
Venez, source de vie,
Venez, venez, venez.
Ah ! descendez, hâtez vos pas ;
Sauvez les hommes du trépas ;
Secourez-nous, ne tardez pas :
Venez, divin Messie,
Sauvez nos jours infortunés ;
Venez, source de vie,   Venez, etc.

2. Ah ! désarmez votre courroux ;
Nous soupirons à vos genoux ;
Seigneur, nous n'espérons qu'en vous.
Pour nous livrer la guerre,
Tous les enfers sont déchaînés ;
Descendez sur la terre :   Venez, etc.

3. Que nous souffrons de maux divers !
L'affreux démon nous tient aux fers ;
Il veut nous conduire aux enfers :
Vous voyez l'esclavage
Où vos enfans sont condamnés,
Conservez votre ouvrage ;   Venez, etc.

4. Eclairez-nous, divin flambeau ;
Parmi les ombres du tombeau

Faites briller un jour nouveau,
Au plus cruel supplice
Nous auriez-vous abandonnés?
Ah! soyez-nous propice;   Venez, etc.

5.   Que nos soupirs soient entendus!
Les biens que nous avons perdus
Ne nous seront-ils pas rendus?
Voyez couler nos larmes;
Grand Dieu! si vous nous pardonnez
Nous n'aurons plus d'alarmes;   Venez, etc.

6.   Si vous venez en ces bas lieux,
Nous vous verrons victorieux,
Fermer l'enfer, ouvrir les cieux:
Nous l'espérons sans cesse;
Les cieux nous furent destinés:
Tenez votre promesse;   Venez, etc.

7.   Ah! puissions-nous chanter un jour,
Dans votre bienheureuse cour
Et votre gloire et votre amour!
C'est là l'heureux partage
De ceux que vous prédestinez;
Donnez-nous-en un gage;
Venez, divin Messie,
Sauvez nos jours infortunés;
Venez, source de vie,
Venez, venez, venez.

N° 38. NOEL.

Air connu.

1.   Que j'aime ce divin enfant!   *(bis.)*
Qu'en cet état il est charmant!
Je l'aime, je l'aime:
Oh! l'adorable enfant!
C'est l'amour même.

2. Son amour l'a nommé Jésus, *(bis.)*
C'est le modèle des élus,
Je l'aime, je l'aime :
Imitons ses vertus :
C'est, etc.

3. Au milieu d'un pauvre appareil, *(bis.)*
Il est plus beau que le soleil.
Je l'aime, je l'aime :
C'est l'astre sans pareil.
C'est, etc.

4. Le ciel admire sa beauté, *(bis.)*
L'ange adore sa majesté.
Je l'aime, je l'aime :
Bénissons sa bonté, etc.

5. Quoique logé très-pauvrement, *(bis.)*
Il ne se plaint aucunement.
Je l'aime, je l'aime :
Oh! qu'il est patient ! etc.

6. Quel exemple de pauvreté, *(bis.)*
De souffrance et d'humilité !
Je l'aime, je l'aime :
Quel excès de bonté! etc.

7. C'est ici le Dieu tout-puissant, *(bis.)*
Qui vient me sauver en naissant.
Je l'aime, je l'aime :
Oh! le Dieu bienfaisant ! etc.

8. Qui n'aimerait ce bien-aimé, *(bis.)*
Ce Jésus qui m'a tant aimé ?
Je l'aime, je l'aime :
Je l'aime, et l'aimerai etc.

9. C'est mon Dieu, mon maître et mon roi; *(bis.)*
C'est mon espérance et ma foi.
Je l'aime, je l'aime :
C'est là toute ma loi, etc.

10. C'est mon frère et mon rédempteur ; *(bis.)*
C'est l'espoir du pauvre pécheur ;

Je l'aime, je l'aime :
    C'est l'ami de mon cœur, etc.

11.   Anges, ne soyez point jaloux,   (*bis.*)
    Si je le dispute avec vous.
        Je l'aime, je l'aime ,
        C'est mon divin époux, etc.

12.   Je trouve en lui tout mon bonheur ; (*bis.*)
    Il m'échauffe de son ardeur.
        Je l'aime, je l'aime :
        Il a ravi mon cœur, etc.

13.   Quel prodige de sainteté !   (*bis.*)
    Quel abîme de charité !
        Je l'aime, je l'aime :
        C'est le Dieu de bonté, etc.

14.   C'est mon Jésus, c'est mon Sauveur ; (*bis.*)
    Dans ce saint nom qu'elle douceur !
        Je l'aime, je l'aime :
        C'est le Dieu de mon cœur, etc.

15.   Anges qui lui faites la cour,   (*bis.*)
    Embrasez-moi de votre amour.
        Je l'aime, je l'aime :
        Pour chanter nuit et jour, etc.

16.   Vive le saint enfant de Jésus !   (*bis.*)
    C'est le bel amour des élus.
        Je l'aime, je l'aime :
        C'est mon tout et rien plus :
        C'est l'amour même.

N° 39. SUR LA NAISSANCE.

DE NOTRE SEIGNEUR JÉSUS CHRIST.

(Noël.) Air : *Tous les bourgeois de Chartres.*

Le Fils du Roi de gloire
Est descendu des cieux ;
Que nos chants de victoire
Résonnent dans ces lieux ;
Il dompte les enfers,
Il calme nos alarmes,

l tire l'univers
Des fers,
Et pour jamais
Lui rend la paix ;
Ne versons plus de larmes.

L'amour seul l'a fait naître
Pour le salut de tous :
Il fait par là connaître
Ce qu'il attend de nous.
Un cœur brûlant d'amour
Est le plus bel hommage,
Faisons-lui tour à tour
La cour :
Dès aujourd'hui
N'aimons que lui ;
Qu'il soit mon seul partage.

Vains honneurs de la terre,
Je veux vous oublier;
Le maître du tonnerre

Vient de s'humilier.
De vos trompeurs appas
Je saurai me défendre;
Allez, n'arrêtez pas
Mes pas :
Monde flatteur,
Monde enchanteur,
Je ne veux plus t'entendre.

Régnez seul en mon âme,
O mon divin époux !
N'y souffrez point de flamme
Qui ne s'adresse à vous.
Que voit-on dans ces lieux?
Que misère et bassesse.
Ne portons plus nos yeux
Qu'aux cieux.
A votre loi ,
Céleste Roi,
J'obéirai sans cesse.

✱✿✱✿✱✿✱✿✱✿✱✿✱✿✱✿✱✿✱✿✱✿✱✿✱✿✱✿✱✿✱

N° 40.   MÊME SUJET.

(Noël.)   Air : *Troupe innocente.*

DANS cette étable,
Que Jésus est charmant !
Qu'il est aimable
Dans son abaissement !
Que d'attraits à la fois !
Tous les palais des rois
N'ont rien de comparable
Aux beautés que je vois
Dans cette étable.

Que sa puissance
Paraît bien en ce jour,
Malgré l'enfance
Où le réduit l'amour !
L'esclave racheté,
Et tout l'enfer dompté,
Font voir qu'à sa naissance

Rien n'est si redouté
Que sa puissance.

Heureux mystère!
Jésus souffrant pour nous,
D'un Dieu sévère
Apaise le courroux.
Pour sauver le pécheur,
Il naît dans la douleur,
Et sa bonté de père
Eclipse sa grandeur.
Heureux mystère !

S'il est sensible,
Ce n'est qu'à nos malheurs;
Le froid horrible
Ne cause point ses pleurs.
Après tant de bienfaits,

Que notre cœur aux traits
D'un amour si visible
Doit céder désormais,
S'il est sensible.

Que je vous aime !
Peut-on voir vos appas,

Beauté suprême,
Et ne vous aimer pas ?
Puissant Maître des cieux
Brûlez-moi de ces feux
Dont vous brûlez-vous-même
Ce sont-là tous mes vœux
Que je vous aime!

XXXXXXXXXXXXXXXXXXXXXXXXXXXXXXXXXXXXXXX

N° 41. INVOCATION A L'ESPRIT SAINT.

Air ancien.

1. Esprit saint, comblez nos vœux,
   Embrasez nos âmes
   Des plus vives flammes ;
   Esprit saint, comblez nos vœux,
   Embrasez nos âmes
   De vos plus doux feux.   Esprit, etc.

2. Seul auteur de tous les dons,
   De vous seul nous attendons
      Tout notre secours,
   Dans ces saints jours.   Esprit, etc.

3. Sans vous, en vain du don des cieux
      Les rayons précieux
         Brillent à nos yeux ;
      Sans vous, notre cœur
         N'est que froideur.   Esprit, etc.

4. Voyez notre aveuglement,
   Nos maux, notre égarement ;
      Rendez-nous à vous,
      Et changez-nous.   Esprit, etc.

5. Sur nos esprits, Dieu de bonté,
      Répandez la clarté
         Et la vérité ;
      Préparez nos cœurs
         A vos faveurs.   Esprit, etc.

6. Donnez-nous ce purs désirs,
   Ces pleurs saints, ces vrais soupirs

Qui des grands pécheurs
Changent les cœurs.   Esprit, etc.

7. Donnez-nous la docilité,
   Le don de pureté
     Et de piété,
   L'esprit de candeur
     Et de douceur.   Esprit, etc.

8. Etouffez notre tiédeur,
   Réchauffez notre ferveur,
     Rassurez nos pas
     Dans nos combats.   Esprit, etc.

9. Sanctifiez nos jours naissans,
   Et nos jours florissans,
     Et nos derniers ans;
     Que tous nos instans
       Soient innocens.   Esprit, etc.

N° 42. AUTRE SUR LE MÊME SUJET.

Air nouveau.

1. QUEL feu s'allume dans mon cœur?
   Quel Dieu vient habiter mon âme?
   A son aspect consolateur,
   Et je m'éclaire et je m'enflamme.
   Je t'adore, Esprit créateur.
   Parais, Dieu de lumière,   (*bis.*)
Et viens renouveler la face de la terre.

2. Je vois mille ennemis divers,
   Conjurer ma perte éternelle;
   J'entends tous leurs complots pervers:
   Dieu, romps leur trame criminelle:
   Qu'ils retombent dans les enfers.
   Parais, etc.

3. Quels sont ces profanes accens,
   Ces ris et ces pompeuses fêtes?

De Baal ce sont les enfans ;
De fleurs ils couronnent leurs têtes
Que va frapper la faux du temps.
Parais, etc.

4.   Voyez comme les insensés
Dansent sur leur tombe entr'ouverte ;
La mort les suit à pas pressés :
En riant ils vont à leur perte.
Dieu regarde.... ils sont dispersés.
Parais, etc.

5.   Quoi ! pour un moment de plaisir,
Mon Dieu, j'oublirais ta loi sainte !
Dans l'égarement du désir,
Je pourrais vivre sans ta crainte !
Non, mon Dieu ; non, plutôt mour
Parais, etc.

6.   Un jour plus pur luit à mes yeux ;
Dieu de clarté, je t'en rends grâce.
Je vois fuir l'esprit ténébreux ;
La foi dans mon cœur prend sa place :
Tous mes désirs sont pour les cieux.
Parais, etc.

7.   Chrétien par amour et par choix,
Et fier de ton ignominie,
Je t'embrasse, ô divine croix !
Je t'embrasse avec ta folie,
Dont j'osai rougir autrefois.
Parais, etc.

8,   Loin de moi, vains ajustemens ;
A mon Dieu vous faites injure :
Délice des cœurs innocens,
Que la pudeur soit ma parure.
Esprit saint, garde tous mes sens.
Parais, etc.

9.   Si quelques momens égaré,
Je te fuyais, beauté divine,
Allume en mon cœur déchiré,

Allume une guerre intestine;
De remords qu'il soit dévoré.
Parais, etc.

10.　Ah! plutôt règne, Dieu d'amour,
Sur ce cœur devenu ton temple;
Que je t'honore dès ce jour;
Que mon œil charmé te contemple
Dans l'éclat du divin séjour.
Parais, etc.

N° 43. SUR LE TRIOMPHE DE L'EGLISE.

Air du *Chant de départ.*

Pourquoi ces vains complots, ô princes de la terre?
　　Pourquoi tant d'armemens divers?
Vous vous réunissez pour déclarer la guerre
　　A l'arbitre de l'univers.
　　Tremblez, ennemis de sa gloire,
　　Tremblez, audacieux mortels;
　　Il tient en ses mains la victoire,
　　Tombez aux pieds de ses autels.
　　La religion vous rappelle,
　　Sachez vaincre, sachez périr;
　　Un chrétien doit vivre pour elle,　} *bis.*
　　Pour elle un chrétien doit mourir. }

Le *Chœur.*

　　La religion nous rappelle,
　　Sachons vaincre, sachons périr:
Un chrétien doit vivre pour elle,　　} *bis.*
Pour elle un chrétien doit mourir. }

Depuis quatre mille ans, plongé dans les ténèbres,
　　Assis à l'ombre de la mort,
L'univers gémissant sous ses voiles funèbres,
　　Soupirait pour un meilleur sort.
　　Jésus paraît: à sa lumière
　　La nuit disparaît sans retour,
　　Comme on voit une ombre légère
　　S'enfuir devant l'astre du jour.
　　　La religion, etc.

Pour soumettre à ses lois tous les peuples du monde,
    Il ne veut que douze pécheurs,
Et pour éterniser le royaume qu'il fonde,
    Il en fait ses ambassadeurs.
     Nouveaux guerriers, prenez la foudre,
    Allez conquérir l'univers ;
    Frappez, brisez, mettez en poudre
    L'idole d'un monde pervers.
       La religion, etc.

Déjà de ces hérauts, du couchant à l'aurore,
    La voix, plus prompte que l'éclair,
A foudroyé ces dieux que l'univers honore
    D'un culte enfanté par l'enfer.
     Ouvrant les yeux à la lumière
    Rome détrompe les mortels,
    Et foule aux pieds dans la poussière,
    Ses dieux, ses temples, ses autels.
       La religion, etc.

En vain, ô fiers tyrans, votre main meurtrière
    Fait couler leur sang à grands flots ;
Ce sang devient fécond : de leur noble poussière
    S'élève un essaim de héros ;
    Et courbant eux-mêmes leurs têtes,
    Seigneur, sous le joug de tes lois,
    Après trois siècles de tempêtes,
    Les princes arborent la croix.
       La religion, etc.

O reine des cités, toi dont la destinée
    Est de régner sur l'univers,
De ce joug si nouveau si tu fus étonnée,
    Tu t'enorgueillis de tes fers ;
    La religion triomphante
    Sur le trône de tes Césars,
    Veut que les peuples qu'elle enfante
    Combattent sous ses étendards.
       La religion, etc.

Que vois-je ? ô Dieu ! partout le schisme et l'hérésie
    Déchirent son sein maternel ;
Laisseras-tu périr sous les coups de l'impie

L'objet de ton soin paternel?
Non, toujours battu de l'orage;
Ce vaisseau vogue en sûreté;
Jamais il ne fera naufrage,
Tu l'as dit, Dieu de vérité.
    La religion, etc.

Sainte religion, l'amour et les délices
    De nos pères, de nos aïeux;
Puissent toujours marcher sous tes divins auspices
    Et leurs enfans, et leurs neveux.
    Si jamais de leur cœur bannie
    Tu t'exilais loin des Français,
    Que ma trop ingrate patrie
    Se souvienne de tes bienfaits.
        La religion, etc.

Ce grand arbre, ébranlé jusque dans sa racine,
    Voyait mille ennemis rivaux
Hâter par leurs efforts l'instant de sa ruine,
    Pour se disputer ses rameaux.
    Dieu parle;... la foi renaissante,
    En froudroyant l'impiété,
    Rend à l'Eglise triomphante
    La paix et la prospérité.
        La religion, etc.

Eglise de Jésus, doux charme de ma vie;
    Et mon espoir dès le berceau,
Sainte religion, si jamais je t'oublie,
    Si tu ne me suis au tombeau,
    Qu'à jamais ma langue glacée
    Ne prête de sons à ma voix,
    Et que ma droite desséchée
    Me punisse et venge tes droits.
        La religion, etc.

N° 44. SUR LA DÉVOTION AU SACRÉ CŒUR DE JÉSUS.

AIR : *Mon honneur dit, etc.*

Cœur de Jésus, cœur à jamais aimable!
Cœur digne d'être à jamais adoré!

D

Ouvre à mon cœur un accès favorable ;
Bénis ce chant que je t'ai consacré.   (*bis.*)
Aide à ma voix à louer ta puissance ,
Ta vive ardeur, tes charmes, tes attraits,
Tes saints soupirs, tes transports, ta clémence,
Ton tendre amour, l'excès de tes bienfaits.   (*bis..*)

O divin Cœur ! ô source intarissable
De tout vrai bien, de douceur, de bonté !
Tu réunis, dans ton centre adorable,
Tous les trésors de la divinité.   (*bis.*)
Maître des dons de sa magnificence ,
Arbitre seul des célestes faveurs !
Cœur plein d'amour ! tu mets ta complaisance
A les répandre, à les voir dans nos cœurs.   (*bis.*)

Jésus naissant déjà fait ses délices
De se livrer et de souffrir pous nous ;
Déjà son Cœur nous donne les prémices
Des flots de sang qu'il vient verser pour tous.   (*bis.*)
Ce Cœur, toujours sensible à nos disgrâces,
Sur nos besoins s'ouvrit de jour en jour ;
Et du Sauveur marqua toutes les traces,
Par tous les traits d'un généreux amour.   (*bis.*)

Quand Jésus suit la brebis infidèle,
Son Cœur conduit et fait hâter ses pas ;
Quand il reçoit un fils ingrat, rebelle,
Son Cœur étend et resserre ses bras.   (*bis.*)
Quand, à ses pieds, la femme pénitente
Vient déposer ses pleurs et ses regrets,
Son Cœur en fait une fidèle amante,
Qu'il enrichit de ses plus doux bienfaits.   (*bis.*)

C'est dans ce Cœur, de tous les cœurs l'asile,
Que l'âme tiède excite sa langueur,
Que le pécheur a son pardon facile,
Que le fervent enflamme son ardeur.   (*bis.*)

Le cœur plongé dans le sein des disgrâces ;
Trouve dans lui l'oubli de sa douleur,
Et le cœur faible une source de grâces
Qui le remplit de force et de vigueur. (*bis.*)

Jardin sacré! ô vous, montagne sainte !
Tristes témoins de Jésus affligé !
Apprenez-nous dans quel excès de crainte,
Dans quels ennuis son Cœur était plongé. (*bis.*)
Quand de la mort sentant la vive atteinte,
Et tout le poids du céleste courroux,
Ce Dieu d'amour voyait la terre teinte
Des flots du sang qu'il répandait pour nous. (*bis.*)

Ce fut son Cœur qui, d'un amer calice,
Lui fit pour nous accepter les rigueurs,
Et qui pour nous l'offrit à la malice,
A tous les traits de ses persécuteurs. (*bis.*)
Si sur la croix Jésus daigne s'étendre,
Son Cœur l'y fixe ; et s'il daigne y mourir,
Oui, c'est son Cœur, ce Cœur pour nous si tendre,
Qui nous fait don de son dernier soupir. (*bis.*)

Mais c'est encor trop peu pour sa tendresse :
Ce même Cœur, fixé sur nos autels,
Se reproduit, se ranime sans cesse,
Pour s'y prêter au bonheur des mortels. (*bis.*)
C'est là toujours, que, placé sur un trône
D'amour, de paix, de grâce et de douceur,
Pour eux il s'offre, il s'immole, il se donne,
Pour tout retour, n'exigeant que leur Cœur. (*bis.*)

Cœurs trop long-temps endurcis, insensibles,
A ses désirs vous refuseriez-vous ?
Par quels bienfaits, par quels traits plus visibles
Peut-il montrer ses tendres soins pour nous ? (*bis.*)
Ce riche don de son amour extrême
Ne pourra-t-il vous vaincre, vous charmer ?
Ah ! mille fois, mille fois anathème
Au cœur ingrat qui ne veut point l'aimer ! (*bis.*)

D 2

Par quels excès, hélas! d'irrévérence,
De sacrilége et de témérité;
Par quel oubli, par quelle indifférence
N'ose-t-on point outrager sa bonté !   (*bis.*)

Cœurs innocens, et vous, âmes ferventes,
Vengez, vengez et sa gloire et ses dons;
Rendez pour lui vos flammes plus ardentes,
Vos vœux plus purs, vos respects plus profonds. (*bis.*)

Que sur la terre, à jamais d'âge en âge,
Ce cœur sacré, caché dans nos lieux saints,
Ait, et les vœux, et l'amour, et l'hommage,
Et le tribut de l'encens des humains!   (*bis.*)

Que dans les cieux les puissances l'honorent,
Qu'il règne après les siècles éternels,
Que tous les cœurs et l'aiment et l'adorent,
Que tous les cœurs soient pour lui des autels. (*bis.*)

Cœur de Jésus, sois à jamais ma gloire;
Sois mon amour, mes charmes, ma douceur;
Sois mon soutien, ma force, ma victoire,
Ma paix, mon bien, ma vie et mon bonheur.   (*bis.*)

Sois à jamais toute mon espérance,
Sois mon secours, mon guide, mon Sauveur;
Sois mon trésor, ma fin, ma récompense,
Mon seul partage, et le tout de mon cœur.   (*bis.*)

Nº 45. MOTIFS de CONFIANCE envers MARIE.

AIR : *Pauvre Jacques, etc.*

UNE VOIX.

Vous qu'en ces lieux combla de ses bienfaits
   Une mère auguste et chérie,
Enfans de Dieu, que vos chants a jamais
   Exaltent le nom de Marie.   (*bis.*)
Je vois monter tous les vœux des mortels
   Vers le trône de sa clémence;

Tout à sa gloire élève des autels
  Des mains de la reconnaissance.   (*bis.*)

TOUS.

Nous qu'en ces lieux combla de ses bienfaits
  Une mère auguste et chérie,
Enfans de Dieu, que nos chants à jamais
  Exaltent le nom de Marie.   (*bis.*)

Ici, sa voix puissante sur nos cœurs
  A la vertu nous encourage ;
Sur le saint joug elle répand des fleurs ;
  Notre innocence est son ouvrage.   (*bis.*)
Si le lion rugit autour de nous,
  Elle étend son bras tutélaire ;
L'enfer frémit d'un impuissant courroux,
  Et le ciel sourit à la terre.   Nous, etc

Quand le chagrin, de ses traits acérés,
  Blesse nos cœurs et les déchire,
Sensible mère elle est à nos côtés ;
  Avec nos cœurs le sien soupire.   (*bis.*)
Combien de fois sa prévoyante main
  De l'ennemi rompit la trame !
Nous la priions, et nous sentions soudain
  La paix descendre dans notre âme.   Nous, etc.

Battu des flots, vain jouet du trépas,
  La foudre grondant sur sa tête,
Le nautonnier se jette dans ses bras,
  L'invoque, et voit fuir la tempête ;   (*bis.*)
Tel le chrétien, sur ce monde orageux,
  Vogue toujours près du naufrage :
Mais à Marie adresse-t-il ses vœux,
  Il aborde en paix au rivage.   Nous, etc.

Heureux celui qui, dès ses premiers ans,
  Se fit un bonheur de lui plaire !
Heureux ceux qu'elle adopta pour enfans !
  La reine des cieux est leur mère.   (*bis.*)
Oui, sa bonté se plaît à secourir
  Un cœur confiant qui la prie.

D 3

Siècles, parlez !.... vit-on jamais périr
  Un vrai serviteur de Marie ?   Nous, etc.

Vos fronts, pécheurs, pâlissent abattus
  A l'aspect du souverain juge.
Ah ! si Marie est reine des vertus,
  Des pécheurs elle est le refuge.   (*bis.*)
Déposez donc en son sein maternel
  Votre repentir et vos larmes.
Elle prîra.... des mains de l'Eternel
  Bientôt s'échapperont les armes.   Nous, etc.

Si vous avez, dans toute sa fraîcheur,
  Conservé la tendre innocence,
Ah ! votre mère en a sauvé la fleur;
  Elle vous garda dès l'enfance.   (*bis.*)
A son autel, venez, enfans chéris,
  Savourer de saintes délices.
Consacrez-lui vos cœurs et vos esprits;
  Elle en mérite les prémices.   Nous, etc.

Temple divin, ô asile béni,
  Faut-il donc quitter ton enceinte !
Faut-il aller de ce monde ennemi
  Braver la meurtrière atteinte !   (*bis.*)
Tendre Marie, ah ! nous allons périr;
  Le scandale inonde la terre:
Veillez sur nous, daignez nous secourir;
  Montrez-vous toujours notre mère.   Nous, etc.

N° 46. CONTRE LES INCRÉDULES.

Air ancien.

1.   INSENSÉS, qui du bras céleste
    Ne craignez plus le châtiment,
    Et qui, dans un calme funeste,
    Vous livrez au dérèglement ;
    En vain, affermis dans le vice,
    Vous vous cachez le précipice

Que vous creuse l'impiété;
Dieu va combler votre misère :
C'est du trésor de sa colère
Que sort votre incrédulité.

2.   Parvenus à l'orgueil suprême,
Où s'élève le libertin,
Vous vous faites un faux système
De la nature et du destin.
Rien ne fixe plus vos pensées :
Des erreurs les plus insensées
Vous sucez le fatal poison :
Rebelles au joug de la grâce,
Il ne manquait à votre audace
Que d'éteindre encor la raison.

3.   Concevez-vous que ce génie,
Cet esprit par vous méprisé,
Ne soit que la simple harmonie
De votre corps organisé?
Quoi! cet intelligent ouvrage
De l'Eternel la vive image,
Dans le néant serait réduit!
Ce qu'il paraît n'est qu'un vain songe?
Est-ce donc que par le mensonge
Dieu nous abuse et nous séduit?

4.   Sourds à la voix de la nature,
Monstres dans la société,
Que coûte à votre cœur parjure
La plus noire infidélité?
Si tout périt avec la vie,
Quel droit est sacré pour l'impie?
Il n'est plus ni vertu ni foi;
Tout est permis et légitime;
Il ne lui reste pour maxime
Que de tout rapporter à soi.

5.   Dans tous les lieux, dans tous les âges,
L'amour de l'immortalité
Laisse d'éclatans témoignages

D'un sentiment si respecté.
Présumez-vous pouvoir détruire
Une loi qui sut nous instruire
Dès que le monde a commencé ?
Et ce qu'ont cru les plus habiles,
Des aveugles, des indociles,
Croiront-ils l'avoir effacé ?

6. Osez mettre dans la balance
Des témoignages si constans :
Douterez-vous d'une existence
Qui n'a d'ennemis que vos sens ?
Mais quoi, l'éternelle sagesse
Vous laisse endormis dans l'ivresse,
Où le vice vous a plongés.
Comment surmonter ces obstacles ?
Vous méprisez les saints oracles ;
Par vos mépris ils sont vengés.

7. Ciel ! quel horrible destinée
Suit bientôt le profond sommeil !
Quand sur une âme abandonnée
Tu ne luis plus, divin soleil !
Fais qu'à la voix de ton tonnerre
Tremblent les peuples de la terre ;
Je serai moins épouvanté.
Lance-nous ces traits invisibles
Qui dans nos âmes insensibles
Font triompher la vérité.

N° 47. AVEUGLEMENT DES IMPIES.

Air nouveau.

Paraissez, Roi des rois ; venez, juge suprême,
Faire éclater votre courroux
Contre l'orgueil et le blasphème
De l'impie armé contre vous.
Le Dieu de l'univers est le Dieu des vengeances :

Le pouvoir et le droit de punir les offenses
 N'appartient qu'à ce Dieu jaloux.

Jusques à quand, Seigneur, souffrirez-vous l'ivresse
 De ces superbes criminels
 De qui la malice transgresse
 Vos ordres les plus solennels,
Et dont l'impiété barbare et tyrannique
Au crime ajouté encor le mépris ironique
 De vos préceptes éternels?

Ils ont sur votre peuple exercé leur furie;
 Ils n'ont pensé qu'à l'affliger.
 Ils ont semé dans leur patrie
 L'horreur, le trouble et le danger:
Ils ont de l'orphelin envahi l'héritage;
Et leur main sanguinaire a déployé sa rage
 Sur la veuve et sur l'étranger.

Ne songeons, ont-ils dit, quelque prix qu'il en coûte,
 Qu'à nous ménager d'heureux jours:
 Du haut de la céleste voûte
 Dieu n'entendra pas nos discours:
Nos offenses par lui ne seront point punies;
Il ne les verra point, et de nos tyrannies
 Il n'arrêtera pas le cours.

Quel charme vous séduit! quel démon vous conseille!
 Hommes imbécilles et fous!
 Celui qui forma votre oreille
 Sera sans oreilles pour vous!
Celui qui fit vos yeux ne verra point vos crimes!
Et celui qui punit les rois les plus sublimes,
 Pour vous seul retiendra ses coups!

Il voit, n'en doutez plus, il entend toute chose:
 Il lit jusqu'au fond de vos cœurs.
 L'artifice en vain se propose
 D'éluder ses arrêts vengeurs;
Rien n'échappe aux regards de ce juge sévère:
Le repentir lui seul peut calmer sa colère,
 Et fléchir ses justes rigueurs.

Ouvrez, ouvrez les yeux, et laissez-vous conduire
Aux divins rayons de sa foi.
Heureux celui qu'il daigne instruire
Dans la science de sa loi !
C'est l'asile du juste ; et la simple innocence
Y trouve son repos, tandis que la licence
N'y trouve qu'un sujet d'effroi.

Toujours à vos élus l'envieuse malice
Tendra ses filets captieux ;
Mais toujours votre loi propice
Confondra les audacieux.
Vous anéantirez ceux qui nous font la guerre ;
Et si l'impiété nous juge sur la terre,
Vous la jugerez dans les cieux.

N° 48. ESPÉRANCE.

AIR : *Du haut en bas.*

1. J'ESPÈRE en vous,
Dieu tout-puissant, Dieu de clémence ;
J'espère en vous :
Père le plus tendre de tous :
C'est vous qui, par votre puissance,
Des biens répandez l'abondance.
J'espère en vous.

2. J'espère en vous ;
Fidèle dans votre promesse,
J'espère en vous,
Toujours libéral envers tous :
Vous promettez avec tendresse,
Vous répandez avec largesse.
J'espère en vous.

3. J'espère en vous,
Quelque disgrâce qui m'accable ;
J'espère en vous ;
Ce sont là, Seigneur, de vos coups :

C'est la main d'un juge équitable,
D'un vrai père, d'un maître aimable.
J'espère en vous.

4.   J'espère en vous,
Dans la langueur, dans la souffrance;
J'espère en vous;
La souffrance est un bien pour nous :
Par elle votre providence
Veut éprouver notre constance.
J'espère en vous.

5.   J'espère en vous,
Quoi que l'enfer médite ou fasse,
J'espère en vous :
Non, je ne craindrai point ses coups;
Il n'est point, avec votre grâce,
D'ennemi que je ne terrasse.
J'espère en vous.

6.   J'espère en vous,
Malgré mes péchés, ma misère;
J'espère en vous,
Me prosternant à vos genoux :
Je suis votre enfant, ô mon Père!
Apaisez donc votre colère.
J'espère en vous.

7.   J'espère en vous,
Par Jésus-Christ qui me ranime;
J'espère en vous :
Il s'est fait victime pour nous :
Par le sang de cette victime;
O mon Dieu! pardonnez mon crime;
J'espère en vous.

8.   J'espère en vous;
Ah! suivez-moi, je le désire;
J'espère en vous :
Jésus meurt pour nous sauver tous;
Il pense à moi quand il expire :
Couvert de son sang, j'ose dire :
J'espère en vous.

D 6

Nº 49. CHARITÉ.

Air connu.

1.
BRÛLONS d'ardeur,
Brûlons sans cesse,
Brûlons d'ardeur
Pour le Seigneur ;
A n'aimer que lui tout nous presse ;
Lui seul mérite notre cœur.
Brûlons d'ardeur,
Brûlons sans cesse,
Brûlons d'ardeur
Pour le Seigneur.

2.
Lui seul est grand,
Saint, adorable ;
Lui seul est grand,
Seul tout-puissant.
Ah ! qu'il est bon ! qu'il est aimable !
Tout en lui est ravissant ;
Lui seul est grand, etc.

3.
C'est le Seigneur,
Tout charitable ;
C'est le Seigneur,
Le Rédempteur.
Oh ! qu'un chrétien est donc coupable,
Lorsqu'il vit pour lui sans ardeur !
C'est le Seigneur, etc.

4.
Plein de bonté
Pour un coupable ;
Plein de bonté,
De charité,
Ce Dieu, dans son sang adorable,
A lavé mon iniquité.
Plein de bonté, etc.

5.
De sa fureur
Un Dieu menace,

De sa fureur
Notre froideur.
N'avoir pour lui qu'un cœur de glace,
N'est-ce pas le plus grand malheur ?
De sa fureur, etc.

6.   Viens m'animer,
Amour céleste ;
Viens m'animer,
Viens m'emflammer :
Plein de dégoût pour tout le reste,
C'est Dieu seul que je veux aimer.
Viens m'animer, etc.

7.   Ce n'est qu'à vous
Que je veux être ;
Ce n'est qu'à vous,
O Dieu si doux !
Possédez seul, aimable maître,
Un cœur dont vous êtes jaloux,
Ce n'est qu'à vous, etc.

8.   Quelle douceur,
Quand on vous aime !
Quelle douceur,
Ah ! quel bonheur !
On goûte au dedans de soi-même
Une paix qui ravit le cœur.
Quelle douceur, etc.

9.   Régnez en moi,
Dieu tout aimable ;
Régnez en moi,
Mon divin Roi :
Pour preuve d'amour véritable,
Que j'observe en tout votre loi.
Régnez en moi, etc.

10.   C'est mon désir,
Dieu de mon âme,
C'est mon désir
De vous servir :

De plus en plus que je m'enflamme !
Que d'amour je puisse mourir !
C'est mon désir, etc.

11.   O vérité !
O bien suprême !
O vérité !
O charité !
Faites, grand Dieu ! que je vous aime
Dans le jour de l'éternité.
O vérité !
O bien suprême !
O vérité !
O charité !

N° 50. PRIÈRE.

Air : *Du haut en bas.*

1.   Il faut prier,
Du Seigneur c'est la loi suprême ;
Il faut prier,
Afin de nous sanctifier ;
Mais que pour ce Dieu qui nous aime,
Notre tendresse soit extrême,
Pour bien prier.

2.   Il faut prier
Ce Dieu, notre souverain maître ;
Il faut prier ;
A ses pieds gémir, supplier ;
Mais en coupable il faut paraître,
Et notre orgueil doit disparaître
Pour bien prier.

3.   Il faut prier ;
Quelle occupation plus sainte ?
Il faut prier,
Bénir Dieu, le glorifier :
Mais de ses traits, que l'âme empreinte

Unisse l'amour à la crainte,
Pour bien prier.

4.   Il faut prier ;
N'oublions pas cette maxime :
        Il faut prier,
Bénir Dieu, le remercier :
Mais qu'un feu sacré nous anime ;
Fuyons et détestons le crime,
        Pour bien prier.

5.   Il faut prier,
Ce Dieu que tous les cieux honorent ;
        Il faut prier
Qu'il daigne nous justifier :
Mais tandis que nos voix l'implorent,
Que nos cœurs humblement adorent,
        Pour bien prier.

6.   Il faut prier,
Pour fléchir de Dieu la justice ;
        Il faut prier :
Sa rigueur doit nous effrayer :
Mais pour nous le rendre propice,
Qu'à ses pieds notre cœur gémisse,
        Pour bien prier.

7.   Il faut prier,
A l'aspect de notre misère ;
        Il faut prier,
Afin de nous fortifier :
Mais notre cœur doit de la terre
Mépriser les biens, la poussière,
        Pour bien prier.

8.   Il faut prier,
Avec une foi pure et vive ;
        Il faut prier,
Afin de nous purifier ;
Il faut que notre âme attentive
Soit humble, fervente et plaintive,
        Pour bien prier.

9.   Il faut prier
Avec ardeur et confiance :
Il faut prier
Sans se lasser, sans s'ennuyer ;
Qu'à Dieu notre persévérance,
Fasse une sainte violence ,
Pour bien prier.

10.   Il faut prier,
Célébrer de Dieu les louanges ;
Il faut prier ;
Au ciel il faut s'associer :
Il faut nous unir aux archanges,
Aux séraphins, aux chœurs des anges,
Pour bien prier.

11.   Il faut prier
Avec respect et modestie ;
Il faut prier :
Oh ! quel malheur de l'oublier !
Mais pour l'éternelle patrie,
Il faut soupirer quand on prie,
Pour bien prier.

✳✳✳✳✳✳✳✳✳✳✳✳✳✳✳✳✳✳✳✳✳✳✳✳✳✳✳✳✳✳✳✳✳✳✳✳✳

N° 51. SUR LES VERTUS THÉOLOGALES.

Air : *Du haut en bas.*

1.   Oui, je le crois,
Ce que l'Eglise nous annonce ;
Oui, je le crois,
Seigneur, et j'honore ses lois :
Toutes les fois qu'elle prononce,
Par elle l'Esprit saint s'énonce ;
Oui, je le crois.

2.   J'espère en vous,
Dieu de bonté, Dieu de clémence ;
J'espère en vous :
Tout autre espoir ne m'est point doux.

Vous seul comblez mon espérance,
Vous seul serez ma récompense;
J'espère en vous.

3.   O Dieu sauveur!
Vous êtes le seul bien suprême;
O Dieu Sauveur!
A vous seul je donne mon cœur;
Et pour l'amour de vous seul, j'aime
Mon prochain autant que moi-même,
O Dieu sauveur!

Nº 52. ACTIONS DE GRACES.

1. BÉNISSONS à jamais,
Le Seigneur dans ses bienfaits
Bénissez le, saints anges,
Louez sa majesté;
Rendez à sa bonté
Mille et mille louanges.   *Bénissons, etc.*

2. Oh! que c'est un bon Père!
Qu'il a grand soin de nous!
Il nous supporte tous,
Malgré notre misère.   *Bénissons, etc.*

3. Comme un pasteur fidèle,
Sans craindre le travail,
Il ramène au bercail
Une brebis rebelle.   *Bénissons, etc.*

4. Il a brisé ma chaîne,
Comme un puissant vainqueur;
Et, comme un doux Sauveur,
Il m'a mis hors de peine.   *Bénissons, etc.*

5. Il a guéri mon âme,
Comme un bon médecin;
Comme un maître divin,
Il m'éclaire et m'enflamme. *Bénissons, etc.*

6. Il me comble à toute heure
De grâce et de faveur;

Dans le fond de mon cœur,
Il a pris sa demeure.   Bénissons, etc.

7. Que tout loue, en ma place,
Un Dieu si plein d'amour,
Qui me fait chaque jour
Une nouvelle grâce.   Bénissons, etc.

8. Sa bonté me supporte,
Sa lumière m'instruit,
Sa beauté me ravit,
Son amour me transporte.   Bénissons, etc.

9. Sa douceur me caresse,
Sa grâce me guérit,
Sa force m'affermit,
Sa charité me presse.   Bénissons, etc.

10. Dieu seul est ma tendresse,
Dieu seul est mon soutien;
Dieu seul est tout mon bien,
Ma vie et ma richesse.
Bénissons à jamais,
Le Seigneur dans ses bienfaits.

Nº 53. CANTIQUE POUR LE ROI.

Air connu.

Venez, Français; le Dieu dont la puissance
Fait triompher et le trône et la Foi,
Veut aujourd'hui qu'on chante dans la France!
Gloire au Très-Haut! vive notre bon Roi!
        Vive la France!
        Vive le Roi!
        Toujours en France
    Les Bourbons et la Foi.

Quand nos tyrans, respirant la vengeance,
Faisaient régner la terreur et l'effroi,
Quand tout semblait perdu pour notre France;

Nous espérions toujours en notre Roi.
Vive la France ! etc.

Il est à nous, ce gage d'alliance,
Du vieil honneur et de l'antique Foi;
Tout cœur Français redit en sa présence :
Vivre et mourir pour son Dieu, pour son Roi.
Vive la France ! etc.

Honneur, louange, amour, reconnaissance
Pour tes bienfaits, grand Dieu ! car c'est à toi
Que nous devons le salut de la France,
Que nous devons le retour de son Roi.
Vive la France ! etc.

Oui, sa bonté retrace ta clémence;
Par son exemple il nous ramène à toi;
C'est rendre gloire à ton nom dans la France,
Que de bénir le nom d'un si bon Roi.
Vive la France ! etc,

Reine des cieux, protège l'héritage
Que les Bourbons ont soumis à ta loi !
Montre-toi mère, achève ton ouvrage;
Daigne veiller sur la France et son Roi!
Vive la France ! etc.

De tes enfans, exauçant la prière,
Déjà sur nous tu répands tes bienfaits,
Et de nos lis soutenant la bannière,
Promets la gloire aux Bourbons, aux Français.
Vive la France! etc.

Peuple Français, sois un peuple de frères:
Que tous les cœurs soient unis à jamais.
Notre Louis est le meilleur des pères:
Vive Louis, et la France, et la paix !
Vive la France ! etc.

N° 54. AMENDE HONORABLE

AU TRÈS SAINT SACREMENT.

Soupirons, gémissons, pleurons amèrement:
On délaisse Jésus au très-saint Sacrement;
On l'oublie, on l'insulte en son amour extrême;
On l'attaque, on l'outrage et dans sa maison même.

Un peuple entier se porte au spectacle, aux plaisirs;
Le temps lui paraît court, au gré de ses désirs;
Mais l'église est déserte, elle est abandonnée:
Une heure qu'on y passe y paraît une année.

On vient à certain jour y paraître un instant,
Pour voir, pour être vu, pour passer un moment,
Pour sauver du chrétien quelque faible apparence
Mais pour Jésus-Christ seul, ah! personne n'y pense.

Où sont dans nos saints lieux les vrais adorateurs,
Qui, sans être séduits par des dehors trompeurs,
N'adorent que Dieu seul par un parfait hommage,
En vérité sans feinte, en esprit sans partage?

Gémis, mon cœur, gémis; pleurez, mes yeux, pleurez,
On ne voit presque plus dans nos temples sacrés
Que des gens curieux, badins et même impies,
Qui déshonorent Dieu par leurs immodesties.

Dieu, banni de nos cœurs, dans ce triste abandon,
Vient se réfugier dans sa propre maison;
L'impie, en ce saint lieu, chez lui-même l'outrage,
Loin de le supplier et de lui rendre hommage.

Ah! je suis outragé par mes propres amis,
Plus cruels mille fois que tous mes ennemis.
C'est Jésus qui se plaint à ses amis fidèles:
Gémissons, réparons ces injures cruelles.

Est-ce ainsi, mon grand Roi, que l'on vous fait la
Et que l'homme répond à vos excès d'amour? [cour,

lus vous faites pour lui, plus l'ingrat vous offense,
t plus il se prévaut de votre patience.

Frappez, Seigneur, frappez ces cœurs toujours ingrats ;
u moins ils vous craindront, s'ils ne vous aiment pas.
oignez votre justice à votre amour immense,
'on verra succéder la crainte à l'insolence.

Ou plutôt pardonnez à ces pauvres pécheurs :
e faites pas sur eux tomber vos traits vengeurs.
ardon, cœur de Jésus, cœur propice au coupable ;
ecevez, exaucez notre amende honorable.

Grand Dieu, si notre sang pouvait vous rendre hon-
ersez-le tout entier ; immolez jusqu'au cœur : [neur,
e nous regardez plus que comme des victimes,
ui meurent tous les jours pour expier leurs crimes.

Nous voici prosternés aux pieds de vos autels ;
ous pouvez nous frapper, nous sommes criminels :
Mais si vous regardez votre sang et nos larmes,
l faut nous pardonner et mettre bas les armes.

Amis du sacré cœur et du Saint Sacrement,
émissons de concert : pleurons amèrement :
Que nos cœurs, que nos voix, que tout en nous s'accorde
demander pardon, pardon, miséricorde.

N° 55. MÉPRIS DES BIENS DE LA TERRE.

1.   FAUX plaisirs, vains honneurs, biens frivoles,
     Entendez aujourd'hui nos adieux ;
     Trop long-temps vous fûtes nos idoles,
     Trop long-temps vous charmâtes nos yeux.
     Faux plaisirs, etc.

2.   Loin de nous la fatale espérance
     De trouver en vous notre bonheur :
     Avec vous heureux en espérance,
     Nous portons le chagrin dans le cœur.
     Loin de nous, etc.

3. Enchantés d'une gloire plus belle,
    C'est au ciel que tendent nos désirs :
    Dans le ciel toujours fête nouvelle ;
    Avec Dieu, toujours nouveaux plaisirs,
    Enchantés, etc.

4. Enivrés de douceurs ineffables,
    On jouit de la Divinité,
    On bénit ses bontés adorables,
    On partage sa félicité.
    Enivrés, etc.

5. Beau séjour des clartés immortelles,
    Montrez-vous, contentez nos souhaits.
    Ici-bas les peines sont réelles,
    Les plaisirs n'ont que de vains attraits.
    Beau séjour, etc.

N° 56. SENTIMENS DE CONTRITION.

1. Mes yeux, fondez-vous en larmes :
    Dieu perdu, je n'ai plus rien !
    Puis-je assez, dans mes alarmes,
    Regretter un si grand bien ?

2. Apaisez votre justice :
    Grand Dieu ! nos cœurs faits pour vous,
    Font eux-mêmes leur supplice,
    Dès qu'ils méritent vos coups.

3. J'ai blessé votre loi sainte :
    Depuis ce funeste jour,
    L'ennui, le trouble et la crainte
    Me tourmentent tour à tour.

4. Du péché l'affreuse image
    S'offre à mon cœur agité,
    Et lui reproche l'outrage
    Qu'il fait à votre bonté.

5.   Hélas ! quelle est ma misère !
Je suis accablé d'effroi :
Mon Dieu, mon Sauveur, mon Père,
Est irrité contre moi.

6.   Il a dit, dans sa colère :
Péris, enfant malheureux :
En moi tu n'a plus un Père,
Mais un juge rigoureux.

7.   J'entends gronder son tonnerre :
L'Eternel vient en courroux
Me rendre guerre pour guerre,
Et m'écraser sous ses coups.

8.   Tandis que la terre émue
Tremble d'horreur sous mes pas,
Mon âme, triste, éperdue,
N'attend plus que le trépas.

9.   Ah ! soyez toujours mon père,
Dieu d'amour et de bonté ;
Voyez ma douleur amère,
Et cessez d'être irrité.

10.   Pour vous venger de moi-même,
Fils rebelle, ingrat pécheur,
Je voudrais, ô Dieu que j'aime,
Pouvoir mourir de douleur !

11.   Mais tandis que je déplore
Mes innombrables forfaits,
Faites que je craigne encore
D'abuser de vos bienfaits.

N° 57. A L'ÉLÉVATION.

Que ce saint lieu de nos chants retentisse,
Et que le Ciel réponde à nos concerts ;
Que tout mortel ici s'anéantisse :
Un Dieu descend pour sauver l'univers.

Oui, je le vois dans l'adorable hostie,
Ce Dieu d'amour, qui s'immole pour nous.
C'est mon trésor, mon bonheur et ma vie,
Le Créateur et le Sauveur de tous.

Adorons tous dans un profond silence
Ce Dieu fait chair pour tout le genre humain;
Et que nos cœurs brûlent en sa présence
Du feu sacré de son amour divin.

N° 58. POUR LA BÉNÉDICTION

DU SAINT SACREMENT.

1. PAIN du ciel, divine rosée,
   Vous nourrites dans le désert
   La nation favorisée
   Du Créateur de l'univers.   (*bis.*)

2. Ici toute figure cesse :
   J'adore la réalité.
   Oui, c'est ici qu'un Dieu s'empresse
   De nous nourrir par sa bonté.

3. Loin d'ici ces cœurs tout de glace :
   Jésus pour nous brûle d'ardeur,
   Ah! donnons la première place
   A son amour dans notre cœur.

4. O Jésus, ô bonté suprême,
   Sanctifiez nos actions;
   Et sur ce peuple qui vous aime
   Versez vos bénédictions.

N° 59. INVITATION AUX CRÉATURES

DE LOUER LE SEIGNEUR.

1. BÉNISSEZ le Seigneur suprême,
   Petits oiseaux, dans vos forêts;

Dites sous vos ombrages frais :
Dieu mérite qu'on l'aime.

2. Triste et plaintive tourterelle,
Bénissez Dieu, rien n'est si doux ;
Je devrais plus gémir que vous ;
Car je suis moins fidèle.

3. Paissez, moutons, en assurance,
Et bénissez le bon Pasteur :
Voit-il en moi votre douceur ?
Ah ! quelle différence !

4. Entre vos deux rives fleuries,
Bénissez Dieu, petit ruisseau ;
Tout passe, hélas ! comme votre eau
Passe dans les prairies.

5. Dans ces beaux lieux tout est fertile ;
J'y vois des fruits, j'y vois des fleurs ;
Et je dis en versant des pleurs :
Je suis l'arbre stérile.

6. Charmantes fleurs, un jour voit naître
Et mourir cet éclat si doux ;
Je mourrai bientôt après vous,
Plutôt que vous peut-être.

7. Tonnerre, éclairs, bruyante foudre,
Marquez son pouvoir, sa grandeur ;
Dieu peut confondre le pécheur,
Et le réduire en poudre.

8. Comme le cerf court aux fontaines,
Pressé de soif et de chaleur,
Ainsi je cours à vous, Seigneur ;
Adoucissez mes peines.

9. Dieu tout-puissant, en qui j'espère,
Soyez toujours mon protecteur ;
Je suis un ingrat, un pécheur ;
Mais vous êtes mon père.

N° 60. SUR LA MORT.

1.   Nous passons comme une ombre vaine,
Nous ne naissons que pour mourir.
Quand la mort doit-elle venir?
    L'heure en est incertaine.

2.   La mort, à tout âge, est à craindre;
Chaque pas conduit au tombeau;
Tous nos jours ne sont qu'un flambeau
    Qu'un souffle peut éteindre.

3.   Je vois un torrent en furie
Disparaître après un moment;
Hélas! aussi rapidement
    S'écoule notre vie.

4.   Dans nos jardins la fleur nouvelle
Ne dure souvent qu'un matin;
Tel est, mortels, votre destin :
    Vous passerez comme elle.

5.   La mort doit tout réduire en poudre;
Vous mourrez, superbes guerriers
N'espérez pas que vos lauriers
    Vous sauvent de la foudre.

6.   Vous qu'on adore sur la terre,
Vous périrez, vaine beauté :
Vous avez la fragilité;
    Comme l'éclat du verre.

7.   Vous qui faites trembler les autres,
Rois, arbitres de notre sort,
Vous êtes sujets à la mort,
    Ainsi que tous les vôtres.

8.   Pourquoi donc cette attache extrême
Aux biens, aux honneurs, aux plaisirs?
Hélas! tout ce qui doit finir
    Mérite-t-il qu'on l'aime?

9. Que la mort peut être funeste!
Que ce passage est important!
C'est ce seul et fatal instant
Qui décide du reste.

10. Ah! tandis que tout m'abandonne,
Anges, ne m'abandonnez pas :
C'est du dernier de mes combats
Que dépend ma couronne.

11. Et vous, ô Vierge débonnaire!
Venez ranimer mon ardeur :
Je suis un perfide, un pécheur;
Mais vous êtes ma mère.

12. Si je mérite tes vengeances,
Ah! grand Dieu, regarde ton Fils;
Il va t'offrir pour moi le prix
De toutes ses souffrances.

13. C'est lui qui bannit nos alarmes,
Dans ce redoutable moment :
Quand on peut mourir en l'aimant,
Que la mort a de charmes!

N° 61. LE BONHEUR DE SERVIR DIEU,

1. O digne objet de mes chants,
Daigne écouter mes accens:
Donne-moi cet amour tendre
Qui seul se fait bien entendre :
Règne à jamais sur mon cœur :
T'aimer, c'est tout mon bonheur.

2. Ah! Seigneur, à te servir,
Que je trouve de plaisir :
Si mes yeux versent des larmes,
Mon cœur y trouve des charmes :
L'amour répand des douceurs
Sur l'amertume des pleurs.

E 2

3.   Monde, tu donnes la loi
A ceux qui vivent pour toi;
Mais que peux-tu sur une âme
Que l'amour divin enflamme?
Vas, je connais tes douceurs :
Que d'épines sous tes fleurs !

4.   Le Seigneur est mon appui;
Mon espérance est en lui :
Oui, je connais sa tendresse,
Il me tiendra sa promesse;
Une couronne m'attend,
Si je l'aime constamment.

5.   Hélas ! je languis d'amour
Dans l'attente de ce jour:
Quand le céleste héritage
Deviendra-t-il mon partage?
Ah ! serai-je assez heureux
Pour voir combler tous mes vœux?

6.   Heureux qui garde ses sens,
Et combat tous ses penchans
O cieux, chantez sa victoire!
Il règnera dans la gloire.
C'est là le prix des vertus,
Que Dieu donne à ses élus.

7.   Si vous craignez le combat,
De ce prix voyez l'éclat:
Ah ! quittez enfin le crime;
Vous en seriez la victime :
Dieu, las de tant de délais,
Frappe enfin, mais pour jamais.

N° 62. LA SAINTE ENFANCE DE JÉSUS.

1.   O vous dont les tendres ans
Croissent encore innocens,
Pour sauver à votre enfance

Le trésor de l'innocence,
Contemplez l'enfant Jésus,
Et prenez-en les vertus.

2.   Il est votre Créateur,
Votre Dieu, votre Sauveur;
Mais il est votre modèle.
Heureux qui lui fut fidèle!
Il eut part à sa faveur,
A ses dons, à son bonheur.

3.   Que touchant est le tableau
Que nous offre son berceau!
O que de leçons utiles
Y trouvent les cœurs dociles!
Accourez, vous tous, enfans,
Y former vos jours naissans.

4.   Une étable est le séjour
Où Jésus reçoit le jour :
Sous ses langes, de sa crèche
Sa divine voix nous prêche
Que l'indigence, à ses yeux,
Est un riche don des cieux.

5.   Pourquoi ce froid, ces douleurs,
Ces yeux qui s'ouvrent aux pleurs,
Ce sang qu'il daigne répandre?
N'est-ce point pour nous apprendre
Qu'il faut haïr le plaisir,
Et pour lui vivre et souffrir ?

6.   Ce Dieu, seul prêtre immortel,
Du berceau passe à l'autel,
Et, législateur et maître,
A la loi va se soumettre,
Prêt à s'immoler un jour
Pour son père et notre amour.

7.   Il naît à peine, et naissant,
Il veut fuir obéissant :
Trente ans, dans un vil asile,

E 3

L'ont vu fidèle et docile,
Exact, obéir toujours
Aux saints gardiens de ses jours.

8. Si, par un départ secret,
Il leur laisse un vif regret;
Ils le reverront, au temple,
Nous montrer par son exemple
Qu'on doit pour Dieu tout quitter :
Qui de nous sut l'imiter ?

9. Esprits vains, cœurs indomptés,
Captivez vos volontés.
Quand on voit Jésus lui-même,
Jésus, la grandeur suprême,
S'abaisser, s'anéantir,
Peut-on ne pas obéir ?

10. Qu'il est beau de voir ces mains
Qui formèrent les humains,
Se prêter aux œuvres viles,
Aux travaux les plus serviles,
Et rendre à jamais pour nous
Tout travail louable et doux !

11. Tout m'instruit dans l'enfant Dieu,
Son respect pour le saint lieu,
Son air modeste, humble, affable,
Sa douceur inaltérable,
Son zèle, sa charité,
Sa clémence, sa bonté.

12. Jésus croît, et plus ses ans
Hâtent leurs accroissemens,
Plus l'adorable sagesse,
Qui réside en lui sans cesse,
Dévoile aux yeux des humains
L'éclat de ses traits divins.

13. Combien en est-il, hélas !
Qui, loin de suivre ses pas,
Vont, croissant de vice en vice,

Aboutir au précipice !
Heureux, seul heureux qui prend
Pour guide Jésus enfant !

N° 63. BONHEUR DE CEUX QUI AIMENT DIEU.

1.   HEUREUX qui goûte les doux charmes
De l'aimable et céleste amour !
Son cœur, d'une paix sans alarmes,
Devient le tranquille séjour.

    Esprit saint, descends sur la terre,
Embrase-la d'un si beau feu ;
Ah ! s'il est doux d'aimer un père,
Comment ne pas aimer un Dieu ?   } bi.

2.   O vous que l'infortune afflige,
Ne craignez point votre douleur :
L'amour opère tout prodige,
Il change nos maux en bonheur.   Esprit saint.

3.   Je le sens, cet amour extrême ;
Il me prévient de sa douceur ;
Mais pour t'aimer, bonté suprême,
Non, ce n'est point assez d'un cœur. Esprit saint.

N° 64. APRÈS LA COMMUNION.

Qu'ils sont aimés, grand Dieu, tes tabernacles !
Qu'ils sont aimés et chéris de mon cœur !
Là, tu te plais à rendre tes oracles :
La Foi triomphe, et l'amour est vainqueur. (*bis.*)

Qu'il est heureux, celui qui te contemple,
Et qui soupire aux pieds de tes autels !
Un seul moment, qu'on passe dans ton temple,
Vaut mieux qu'un siècle aux palais des mortels. (*bis.*)

Je nage au sein des plus pures délices ;
Le ciel entier, le ciel est dans mon cœur.

Dieu de bonté ! de faibles sacrifices
Méritaient-ils cet excès de bonheur ?

En les comblant, par un charme suprême,
Un Dieu puissant irrite mes désirs :
Il me consume, et je sens que je l'aime ;
Et cependant je m'exhale en soupirs.

Autour de moi les Anges en silence,
D'un Dieu caché contemplent la splendeur,
Anéantis en sa sainte présence,
O Chérubins, enviez mon bonheur !

Et je pourrais, à ce monde qui passe,
Donner un cœur par Dieu même habité !
Non, non, mon Dieu ; je puis tout par ta grâce ;
Dieu, sauve-moi de ma fragilité !

En souverain, règne, commande, immole ;
Règne surtout par le droit de l'amour.
Adieu, plaisirs ; adieu, monde frivole :
A Jésus seul j'appartiens sans retour.

N° 65. A LA SAINTE VIERGE.

Je vous salue, auguste et sainte Reine,
Dont la beauté ravit les immortels !
Mère de grâce, aimable souveraine,
Je me prosterne aux pieds de vos autels.   (*bis.*)

Je vous salue, ô divine Marie !
Vous méritez l'hommage de nos cœurs :
Après Jésus, vous êtes et la vie,
Et le refuge, et l'espoir des pécheurs.   (*bis.*)

Fils malheureux d'une coupable mère,
Bannis du ciel, les yeux baignés de pleurs,
Nous vous faisons, de ce lieu de misère,
Par nos soupirs, entendre nos douleurs.   (*bis.*)

Ecoutez-nous, puissante protectrice :
Tournez sur nous vos yeux compatissans ;

Et montrez-nous, qu'à nos malheurs propice,
(Du haut des cieux vous aimez vos enfans.   (*bis.*)

O douce, ô tendre, ô pieuse Marie!
Vous dont Jésus, mon Dieu, reçut le jour;
Faites qu'après l'exil de cette vie,
Nous le voyions dans l'éternel séjour.   (*bis.*)

N° 66. GRANDEURS

DU SACRÉ CŒUR DE MARIE.

1. HEUREUX qui du Cœur de Marie
    Connait, honore les grandeurs,
    Et qui sans crainte se confie
    En ses maternelles faveurs!
    Après le Cœur du divin Maître,
    A qui seul est dû tout encens,
    Fut-il jamais et peut-il être   } *bis.*
    Un Cœur plus digne de nos chants?

2. Les cieux se trouvent sans parure
    Auprès des traits de sa beauté,
    Et l'astre roi de la nature
    Près d'elle a perdu sa clarté :
    Cours au temple, ô Fille chérie,
    Offrir ton Cœur à l'éternel;
    Jamais plus agréable hostie   } *bis.*
    Ne fût portée à son autel.

3. C'est là que ce Cœur si docile,
    Soumis aux éternels desseins,
    Se forme à devenir l'asile
    Et le séjour du Saint des Saints:
    O de quels charmes fut suivie,
    De quels transports, de quelle ardeur,
    L'union du Cœur de Marie   } *bis.*
    Avec celui du Dieu Sauveur!

4. Quand Jésus né dans l'indigence
    Baigne pour nous ses yeux de pleurs;

Son Cœur avide de souffrance
Aime à s'unir à ses douleurs;
Quand, chargé de nos injustices,
Il veut de son sang innocent,
Pour nous répandre les prémices, } *bis.*
Le Cœur de Marie y consent.

5.   Quelle force aida son courage
Lorsqu'elle osa suivre les pas
De celui qu'une aveugle rage
Traînait au plus honteux trépas!
Voyez-le ce Cœur intrépide,
Par les mêmes mains déchiré,
Qui percent d'un fer déicide } *bis.*
Le Cœur de son fils expiré.

6.   Témoins de son cruel supplice,
Rassurez-vous, séchez vos pleurs:
Un torrent de pures délices
Va succéder à ses douleurs:
Bientôt à la terre enlevée
Par un effort de son amour,
L'humble Marie est élevée } *bis.*
Au haut de l'immortel séjour.

7.   Hâtez-vous d'offrir à son trône,
Saints anges, vos tributs d'honneur;
Chantez du Dieu qui la couronne
Les dons, la bonté, la faveur:
Et nous, fils d'un père coupable,
Ici-bas, condamnés aux pleurs,
Cherchons dans ce Cœur secourable } *bis.*
Un abri contre nos malheurs.

8.   O Cœur de la plus tendre mère,
Cœur plein de grâce et de bonté,
Vous sur qui, dans notre misère,
Notre espoir a toujours compté;
Daignez être notre refuge
Et notre appui dans tous les temps,
Surtout auprès de notre juge, } *bis.*
Dans le dernier de nos instans.

XXXXXXXXXXXXXXXXXXXXXXXXXXXXXXXXX

N° 67. SUR LE SACREMENT ADORABLE.

DE L'EUCHARISTIE.

1. O l'auguste Sacrement,
    Où Dieu nous sert d'aliment !
    J'y crois présent Jésus-Christ,
    Puisque lui-même l'a dit.

3. Aux prêtres donnant la loi,
    Il dit : Faites comme moi ;
    C'est mon corps livré pour vous,
    C'est mon sang , buvez-en tous.

3. Dans la consécration,
    Le prêtre parle en son nom ;
    Aussitôt et chaque fois,
    Jésus se rend à sa voix.

4. Ainsi, sans quitter le ciel,
    Il réside sur l'autel ;
    Il fait ici son séjour,
    Pour contenter son amour.

5, Le pain, le vin n'y sont plus;
    C'est le vrai corps de Jésus,
    Son corps y tient lieu du pain,
    Son sang y tient lieu du vin.

6. Il en reste la couleur,
    La rondeur, le goût, l'odeur;
    Mais sous ces faibles dehors ,
    On a son sang et son corps.

7. Ne demandons pas comment,
    Soumettons-nous seulement;
    Si nos sens peuvent errer,
    La foi nous doit rassurer.

8. Dans chaque pain il s'est mis,
    A la façon des esprits :
    On ne le partage point;
    Il est tout dans chaque point.

E 6

9. Egalement on reçoit ;
Sous quelque espèce qu'il soit ,
Avec sa divinité
Toute son humanité.

10. Qui le prend indignement ,
Mange et boit son jugement ;
C'est le crime de Judas ,
Le plus noir des attentats.

11. Qui lui prépare son cœur ,
Trouve en lui le vrai bonheur ;
S'unissant à Jésus-Christ ,
Il devient un même esprit.

12. Jésus est le Roi des rois ,
Adorons-le sur la croix ,
Adorons-le dans le ciel ,
Adorons-le sur l'autel.

13. Adorons, louons, aimons
Le Seigneur dans tous ses dons ;
Surtout n'oublions jamais
L'abrégé de ses bienfaits.

N° 68. POUR LA BÉNÉDICTION

DU TRÈS-SAINT SACREMENT.

Adorons tous , dans ce profond mystère ,
Un Dieu caché que notre foi révère ;
Que nos œuvres, nos cœurs et nos chants les plus doux
S'accordent à louer * un Dieu si près de nous. (*bis.*)

Pour nous sauver et nous donner la vie ,
Divin Jésus, vous êtes dans l'hostie,
Ah ! soulagez nos maux ; calmez nos passions,
Et répandez sur nous * vos bénédictions. (*bis.*)

Anges , témoins de ces faveurs nouvelles :
Rendez pour nous des grâces immortelles ;
Aidez-nous à bénir l'auguste Trinité
Dans la suite des temps * et dans l'éternité. (*bis.*)

Honneur, amour et louange ineffable
Au Père, au Fils, à l'Esprit adorable ;
Louange à tous les trois, gloire à leur unité,
Dans la suite des temps * et dans l'éternité.   (*bis.*)

N° 69. A LA BÉNÉDICTION.

Air nouveau.

1. RECUEILLONS-NOUS, adorons ce mystère,
Jésus paraît, il arrive en ces lieux;
Pous nous bénir, il a quitté les cieux,
Je me prosterne et le révère;
Je l'adore et je crois,
C'est mon Roi,
C'est mon Père :
Ce mystère
Ne l'est plus pour moi.
Une céleste lumière   (*bis.*)
Brille et m'éclaire,
Oui je le vois.   (*bis.*)

2. Disparaissez vains objets de la terre,
Vous n'aurez plus d'empire sur mon cœur;
En Jésus seul il trouve son bonheur,
C'est à Jésus seul qu'il veut plaire.
Oui, Seigneur, dès ce jour,
Sans retour,
Dieu suprême,
Je vous aime
Du plus tendre amour.
Des faux plaisirs vaine idole,   (*bis.*)
Oui je t'immole ;
C'est pour toujours.   (*bis.*)

N° 70. POUR LE SALUT.

1.   SUR cet autel,
Ah! que vois-je paraître?

Jésus, mon Roi, mon divin maître
Sur cet autel,
Sainte victime,
Vous expiez mon crime
Sur cet autel.

2.   De tout mon cœur,
Dans ce profond mystère,
Je vous adore et vous révère
De tout mon cœur;
Bonté suprême,
Que toujours je vous aime
De tout mon cœur.

3.   O doux agneau,
L'amour vous sacrifie,
Et votre mort nous rend la vie,
O doux Agneau!
Que votre flamme
Immole aussi mon âme,
O doux Agneau!

4.   Bénissez-moi,
Dieu de miséricorde;
Souffrez qu'un pécheur vous aborde,
Bénissez-moi,
Et quoique indigne,
Par une grâce insigne,
Bénissez-moi.

5.   Pardon, mon Dieu,
De nos fautes commises :
De tant d'excès dans vos Eglises,
Pardon, mon Dieu :
De tant d'offenses,
De tant d'irrévérences,
Pardon, mon Dieu.

✦✦✦✦✦✦✦✦✦✦✦✦✦✦✦✦✦✦✦✦✦✦✦✦✦✦✦✦✦✦✦✦✦✦✦✦

Nº 71. EN L'HONNEUR DE LA Ste. VIERGE.

CHRÉTIENS, voulez-vous être heureux?
Servez fidèlement Marie,
Ayant pour fils le Roi des cieux,

Elle est la source de la vie.
C'est une mère de bonté :
Personne n'en est rebuté.

2. Ah ! si nous pouvions concevoir
Ses bontés toutes maternelles,
Nous souffririons tout pour pouvoir
Etre ses serviteurs fidèles.   C'est une, etc.

3. Chrétiens, êtes-vous affligés,
Recourez à son assistance,
Et vous en serez soulagés
Presque contre votre espérance.   C'est une, etc.

4. Etes-vous tentés du démon
Et sur le bord du précipice ?
Vous vaincrez la tentation,
L'ayant pour votre protectrice.   C'est une, etc

5. Accourez, pécheurs endurcis,
Et la priez sans défiance
De vous obtenir de son Fils
Le repentir et l'indulgence.   C'est une, etc.

6. Elle est la terreur du démon
Et le fléau des hérétiques,
L'honneur de la sainte Sion,
Le ferme appui des catholiques.   C'est une, etc.

7. Disons-lui donc avec ferveur :
O notre mère charitable,
Accordez-nous votre faveur,
Soyez-nous toujours secourable.
O mère pleine de bonté !
Que je ne sois point rebuté.

8. Priez votre cher Fils pour nous,
Qu'il daigne nous donner la grâce
De l'aimer ici comme vous,
Et le voir au ciel face à face.   O mère, etc.

N° 72. L'AMOUR DE JESUS.

JÉSUS est mon amour, Je répète sans cesse :
Jésus est ma richesse ; | Jésus, Jésus est mon amour,
Et la nuit et le jour | Et la nuit et le jour.

Allons, mon âme, allons
Au bonheur véritable :
Aimons Jésus : aimons
Le bien le plus aimable.
Jésus, Jésus est, etc.

C'est notre bon Pasteur,
Notre ami, notre frère,
Notre médiateur
Entre nous et son Père.
Jésus, Jésus est, etc.

Qu'on ne me parle plus
Des grandeurs de ce monde :
Je trouve dans Jésus
Le ciel, la terre et l'onde.
Jésus, Jésus est, etc.

Qu'on ne me vante plus
Les savans de la terre ;
Je ne sais que Jésus
Et Jésus au Calvaire.
Jésus, Jésus est, etc.

Je trouve dans son nom,
Une arme très-puissante
Pour vaincre le démon,
Et tout ce qui me tente.
Jésus, Jésus est, etc.

Je trouve dans son cœur
Un torrent de délices,
De joie et de douceur
Au milieu des supplices.
Jésus, Jésus est, etc.

Ce trésor infini,
Renferme toute chose :
C'est en lui seul aussi
Que mon cœur se repose.
Jésus, Jésus est, etc.

Je n'aime que Jésus ;
Je n'aime que Marie :
Qu'on ne me parle plus
D'autre amour de ma vie.
Jésus, Jésus est, etc.

XXXXXXXXXXXXXXXXXXXXXXXXXXXXXXXXXXXXXXX

N° 73. EXHORTATION A LA JEUNESSE.

TENDRES enfans, aux délices perfides,
Aux faux plaisirs n'ouvrez point votre cœur ;
C'est en Dieu seul que sont les biens solides :
Sans son amour il n'est point de bonheur.   (*bis.*)

Par quels attraits le crime, et par quels charmes
Peut-il, hélas ! pervertir tant de cœurs ?
Les noirs remords, les mortelles alarmes
Suivent toujours les traces des pécheurs.   (*bis.*)

Le sort du juste est bien plus désirable :
De son bonheur rien n'arrête le cours,
Sa joie est pure, et sa paix véritable ;
Ses jours pour lui ne sont que d'heureux jours. (*bis.*)

Chéri de Dieu, toujours à Dieu fidèle,
Des saints trésors, qu'il gagne chaque jour ;

Il enrichit la couronne immortelle
Que le Seigneur réserve à son amour. (*bis.*)

   Pour les pécheurs la mort si redoutable
S'offre à ses yeux sous des traits de douceur.
Il meurt tranquille, et d'un sommeil aimable
Il passe au sein de Dieu son créateur. (*bis.*)

   Enfans, dont l'âme est innocente et pure,
Ah ! si jamais même un seul de vos jours
Doit du péché connaître la souillure,
Qu'une mort prompte en abrège le cours. (*bis.*)

N° 74. EN L'HONNEUR DE SAINT JOSEPH.

   CHASTE époux d'une vierge mère
Qui nous adopta pour enfans,
Soyez aussi notre bon père,
Prenez pour nous ses sentimens.

   Puissant protecteur de l'enfance,
Trop heureux gardien de Jésus,
Obtenez-nous son innocence ;
Faites croître en nous ses vertus.   } bis.

   Qu'il est beau, qu'il est plein de grâce,
Ce lis qui brille dans vos mains !
Sa céleste blancheur efface
La couronne de tous les saints.   Puissant, etc.

   Ah ! si quelque jour vers l'Egypte
Le péché conduisait nos pas,
Veillez sur nous dans notre fuite,
Portez-nous aussi dans vos bras.   Puissant, etc.

   Montrez-nous cet enfant de gloire,
Qui renversa tous les faux dieux.
Nos cœurs, heureux par sa victoire,
En abattront mille à ses yeux.   Puissant, etc.

   Bientôt à la terre fidèle
Rendus par votre bras puissant,
Vous nous apprendrez, saint modèle,
A vivre avec le Verbe enfant.   Puissant, etc.

'Vous nous direz comment on l'aime,
Comment il reçoit notre amour,
Comment pour sa beauté suprême
Le cœur s'enflamme chaque jour.　　　Puissant, etc.

Vous nous apprendrez son silence,
Sa douceur, son humilité,
Son adorable obéissance,
Son cœur brûlant de charité.　　　Puissant, etc.

A tous les momens de la vie,
Grand saint Joseph, secourez-nous :
Et qu'entre Jésus et Marie
Nous puissions mourir comme vous.　　Puissant, etc.

Nº 75. PENDANT LA SAINTE MESSE.
A l'Introït.

PLEINS d'un respect mêlé de confiance,
Qu'excite en nous, Seigneur, votre présence ;
Connaissant qu'à vos yeux nous sommes criminels,
Nous cherchons un asile * aux pieds de vos autels. (bis.)

Au Confiteor.

Oui, devant vous, Dieu saint, Dieu redoutable,
Nous confessons que tout homme est coupable ;
Mais voyant que nos cœurs sont vivement touchés,
Daignez, par votre grâce, * effacer nos péchés. (bis.)

Le Prêtre montant à l'Autel.

Vous ne voyez en nous aucun mérite ;
Mais tout le ciel pour nous vous sollicite.
Seigneur, prêtez l'oreille à tant d'intercesseurs,
Et rendez-vous aux vœux * qu'ils font pour les pécheurs.

A l'Epître.

Eclairez-nous d'une lumière pure,
Pour pénétrer le sens de l'Ecriture ;
Ou plutôt, augmentez dans nos esprits la foi,
Et soumettez nos cœurs * à votre sainte loi.　　(bis.)

A l'Evangile.

Nous recevons avec un cœur docile
Les vérités que contient l'Evangile,

it nous voulons, Seigneur, jusqu'au dernier moment ,
faire ce qu'il ordonne * et fuir ce qu'il défend (*bis.*)

Au Credo.

Avec respect , et d'une foi soumise ,
ous écoutons ce qu'enseigne l'Eglise :
'est vous qui lui parlez , suprême vérité ;
Notre raison se rend * à votre autorité. (*bis.*)

A l'Offertoire.

Nous vous offrons le sang d'une victime ,
qui seule peut expier notre crime ;
Et quoique votre bras soit levé contre nous ,
Elle peut désarmer * votre juste courroux. (*bis.*)

Agréez donc un si grand sacrifice ,
Et vous rendez à tous nos vœux propice :
Le sang que votre Fils répandit sur la croix ,
Vous parle ici pour nous ; * écoutez-en la voix. (*bis.*)

A la Préface,

Pour célébrer dignement vos louanges ,
Nous nous joignons, Seigneur, avec vos anges :
Ces heureux habitans du céleste séjour
Viennent tous à l'envi * vous faire ici leur cour. (*bis.*)

Que par leurs chants nos voix soient animées :
Chantons : Trois fois saint le Dieu des armées ,
Grâces à ses bontés, nous avons un Sauveur ;
Béni celui qui vient * de la part du Seigneur. (*bis.*)

Après le Sanctus.

Ce Dieu Sauveur parmi nous va descendre ;
C'est son amour qui l'oblige à s'y rendre :
Oui, parce qu'il nous aime, à la voix d'un mortel
Il obéit sans peine * et descend sur l'autel.

A l'Elévation.

O doux Jésus , ô salutaire hostie !
Qui nous ouvrez le chemin de la vie ,
Désarmez l'ennemi, qui, par des traits mortels,
Ose nous attaquer * jusqu'aux pieds des autels. (*bis.*)

Pour apaiser la divine justice ,
Vous vous offrez dans ce saint sacrifice:

J'adore votre corps sous l'espèce du pain,
J'adore votre sang * sous l'espèce du vin.   (*bis.*)

C'est votre Dieu, mortels ; en sa présence
Prosternez-vous : adorez en silence.
Venez, et tous ensemble, au pied de cet autel,
Jurons à ce bon maître * un hommage éternel. (*bis.*)

A l'Agnus Dei.

Agneau divin, vous êtes la victime
Qui de ce monde avez porté le crime,
Achevez votre ouvrage, adorable Sauveur;
Lavez dans votre sang * les taches de mon cœur. (*bis.*)

Au Domine, non sum dignus.

Moi, m'approcher de votre sainte table !
J'en suis indigne : hélas ! je suis coupable :
Mais d'un seul mot, Seigneur, vous pouvez me guérir.
Alors du pain des forts * j'oserai me nourrir. (*bis.*)

Pendant la Communion.

Puisque mon Dieu jusqu'à moi veut descendre,
Quelle faveur n'en dois-je pas attendre !
O prodige ! ô miracle ! ô mystère d'amour !
L'auteur de tous les biens * fait en moi son séjour.(*bis.*)

Anges, témoins de ces faveurs nouvelles,
Rendez pour nous des grâces immortelles ;
Aidez-nous à bénir l'auguste Trinité,
Dans la suite des temps * et dans l'éternité.   (*bis.*)

Pour le Roi.

Grand Dieu, de qui l'aimable providence
Se fit sentir tant de fois sur la France,
Bénissez le royaume, et faites de son Roi
Le bonheur des Français * le soutien de la foi. (*bis.*)

N° 76. ACTE DE CONTRITION.

1.   Mon Dieu, mon cœur touché
            D'avoir péché
            Demande grâce :

Joins à tant de bienfaits
L'oubli de mes forfaits,
»Je n'ose plus du ciel contempler la surface.
Pardon, mon Dieu! pardon, mon Dieu! pardon,
Mon Dieu! pardon! n'es-tu pas un Dieu bon?
Mon Dieu, pardon!
N'es-tu pas un Dieu bon?

2. Tu me disais souvent:
Viens, mon enfant,
Ma voix t'appelle.
J'allais à mes plaisirs,
Au gré de mes désirs.
»Quoi! depuis si long-temps je suis toujours rebelle!
Pardon, etc.

3. Oui, je pouvais périr
Sans ressentir
Ton indulgence.
J'allais traîner mes fers
Jusqu'au fond des enfers:
» Et je serais toujours l'objet de la vengeance.
Pardon, etc.

4. Adieu, monde léger,
Je veux aimer
Un si bon père.
Tes plaisirs m'ont perdu.
Désormais abattu,
Je veux, par mes soupirs, apaiser sa colère.
Pardon, etc.

5. Sois propice, Seigneur,
Quoique pécheur,
En toi j'espère.
Tu m'as cherché: j'ai fui;
Je reviens: que mon cri
Désarme ta justice et me rende mon père.
Pardon, etc.

Nº 77. SOUPIRS D'UNE AME.

Avancez mon trépas,
Jésus, ma douce vie,
Que mon âme s'ennuie
De rester ici-bas,
Ne vous y voyant pas !

Je gémis en tout temps,
Comme la tourterelle,
Et plaintive comme elle,
Je n'ai point d'autres chants
Que les gémissemens.

Etant loin de vos yeux,
Après vous je soupire:
Finissez mon martyre ;
Otez-moi de ces lieux;
Placez-moi dans les cieux.

Mon Seigneur et mon Dieu,
Quand vous posséderai je ?
Hélas! quand vous verrai-je,
Mais sans aucun milieu
Dans le céleste lieu?

O qu'il me serait doux
D'être armé de deux aîles,
Comme les hirondelles,
Pour m'envoler à vous,
O mon divin époux !

Immortelle beauté !
Montrez-moi votre face :
Faites-moi voir, de grâce,
Sa brillante clarté,
Comme en l'éternité.

S'il faut, pour ce bonheur,
Que je perde la vie,
Qu'elle me soit ravie :
J'y consens de bon cœur,
O mon divin Sauveur !

Nº 78 POUR LA CONCEPTION IMMACULÉE DE LA SAINTE VIERGE.

1.   De tes enfans reçois l'hommage,
Prête l'oreille à leurs accens :
Seigneur, c'est ton plus noble ouvrage
Qu'ils vont célébrer dans leurs chants ;
Ranimé par ta main puissante,
Plein d'un espoir consolateur,
David de sa tige mourante
Voit germer la plus belle fleur.   (*bis.*)
Pleine de grâce, ô Vierge incomparable !
L'honneur, la gloire et l'appui d'Israël,
Jetez sur nous un regard favorable,
De cet exil conduisez-nous au ciel.

2. Des misères et des alarmes
Cette terre était le séjour ;
Mais le ciel, pour tarir nos larmes,
Nous donne une mère en ce jour ;
Chantons cette mère chérie,
Offrons-lui le don de nos cœurs,
Et que notre bouche publie
Et ses bontés et ses grandeurs.   Pleine de grâce.

3. O quand disparaîtront les ombres
Qui la couvrent de toutes parts ?
Fuyez, fuyez, nuages sombres,
Qui la voilez à nos regards ;
Verse des torrens de lumière
Sur Sion et ses habitans,
Etoile bienfaisante !... éclaire
Et guide leurs pas chancelans.   Pleine de grâce.

4. Franchissant la céleste plaine,
Les anges, riches de splendeur,
Pour contempler leur souveraine,
Quittent le séjour du bonheur ;
Et la candeur et l'innocence,
Les yeux modestement baissés,
Autour d'elle, dans le silence,
Tiennent leurs bras entrelacés.   Pleine de grâce.

5. Déjà la paix et la justice,
Ceintes d'un éclat immortel,
A ses pieds et sous son auspice,
Cimentent un pacte éternel ;
Et sur sa lyre prophétique,
Isaïe, encore une fois,
Redit son sublime cantique
A la mère du Roi des rois.   Pleine de grâce.

6. Elle est pure comme l'aurore,
Qui luit dans un brillant lointain ;
Comme le lis qu'on voit éclore
Dans la fraîcheur d'un beau matin,
Et jusqu'aux sources de la vie,
Par un prodige sans égal,

Son âme ne fut point flétrie
Du souffle empoisonné du mal.   Pleine de grâce.

7.   Ainsi qu'un palmier solitaire,
   Qui croît sur le courant des eaux,
Et tous les ans, donne à la terre
Des fleurs avec des fruits nouveaux;
Ainsi, loin du monde volage,
Il croîtra cet enfant divin;
Et tous les peuples, d'âge en âge,
Béniront le fruit de son sein.   Pleine de grâce.

N° 79. SUR LA MORT.

A la mort, à la mort,
Pécheur ce temps viendra,
A la mort, à la mort,
   Tout finira.
Il faut mourir, il faut mourir.
De ce monde il nous faut sortir;
Le triste arrêt en est porté;
Il faut qu'il soit exécuté.   A la mort, etc.

1.   Pécheurs, approchez du cercueil;
   Venez confondre votre orgueil;
   Là, tout ce qu'on estime tant
   Est enfin réduit au néant.   A la mort, etc.

2.   Comme une fleur qui se flétrit,
   Ainsi bientôt l'homme périt;
   L'affreuse mort vient de ses jours,
   Dans peu de temps finir le cours. A la mort, etc.

3.   Esclaves de la vanité,
   Que deviendra votre beauté?
   L'infection, la puanteur
   Vous rendront un objet d'horreur. A la mort, etc.

4.   O vous qui prenez vos plaisirs,
   Qui contentez tous vos désirs,
   Pour vous quel affreux changement
   La mort va faire en un moment! A la mort, etc.

5. Plus de plaisirs, plus de douceurs ;
   Plus de pouvoirs, plus de grandeurs ;
   Ces biens, dont vous êtes jaloux,
   Vont tout à coup périr pour vous. A la mort, etc.

6. Adieu, famille ; adieu, parens ;
   Adieu, chers amis, chers enfans ;
   Votre cœur s'en affligera ;
   Mais enfin tout vous quittera. A la mort, etc.

7. Du tombeau l'obscure prison,
   Voilà, pécheurs, votre maison :
   Là, ces corps qui vous sont si chers,
   Seront dévorés par les vers. A la mort, etc.

8. Voilà l'état de votre corps ;
   Mais l'âme où sera-t-elle alors ?
   En présence d'un Dieu vengeur
   Oh ! quelle sera sa frayeur ! A la mort, etc.

9. Ses actions Dieu pèsera ;
   Son arrêt il prononcera.
   O le redoutable moment,
   D'où notre éternité dépend ! A la mort, etc.

10. Grand Dieu ! je le dis, plein d'effroi :
    Que ferez-vous alors de moi ?
    Si vous me trouvez criminel,
    Ah ! mon malheur est éternel. A la mort, etc.

11. Ce moment bientôt doit venir,
    Et l'on en fuit le souvenir ;
    Quoi ! l'on vit sans réflexion :
    Quelle plus triste illusion ! A la mort, etc.

12. S'il fallait subir votre arrêt,
    Chrétiens, qui de vous serait prêt ?
    Combien dont le funeste sort
    Serait une éternelle mort ! A la mort, etc.

13. Pécheurs, pour n'être point surpris,
    Pleurez tant de péchés commis ;
    Brisez vos malheureux liens :
    Commencez à vivre en Chrétiens. A la mort, etc.

F

+·

N° 8o. PRIERE A LA SAINTE VIERGE.

Je mets ma confiance,
Vierge, en votre secours;
Servez-moi de défense:
Prenez soin de mes jours;
Et quand ma dernière heure
Viendra fixer mon sort,
Obtenez que je meure,
De la plus sainte mort.

Sainte Vierge Marie,
Asile des pécheurs,
Prenez part, je vous prie,
A mes justes frayeurs:
Vous êtes mon refuge,
Votre Fils est mon Roi;
Mais il sera mon Juge,
Intercédez pour moi.

Ah! soyez-moi propice
Avant que de mourir.
Apaisez sa justice:
Je crains de la subir.

Mère pleine de zèle,
Protégez votre enfant;
Je vous serai fidèle
Jusqu'au dernier instant.

Voyez couler mes larmes,
Mère du bel amour.
Finissez mes alarmes
Dans ce mortel séjour.
Venez rompre mes chaines
Pour m'approcher de vous.
Aimable souveraine,
Que mon sort sera doux!

Après Dieu, Vierge mère,
Je vous remets mon sort:
Près d'un juge sévère
Ah! soyez mon support.
Faites que dans la gloire,
Avec les bienheureux,
Je chante la victoire
Du monarque des cieux.

****

N° 81. AVANT ET APRÈS LE CATÉCHISME.

AVANT LE CATÉCHISME.

1. Afin d'être docile et sage,
Seigneur, donnez-moi votre esprit,
Pour apprendre, selon mon âge,
Les vérités de Jésus-Christ.

2. Esprit saint, faites-moi comprendre
Ce que vous m'allez expliquer;
Mais en me le faisant apprendre,
Faites-le-moi bien pratiquer.

APRÈS LE CATÉCHISME.

3. O mon Dieu, je vous remercie
De vos saintes instructions;

Et par Jésus-Christ je vous prie
D'oublier mes distractions.
4.   Puisqu'on est d'autant plus coupable
Qu'on sait et ne fait pas le bien,
Si vous me rendez plus capable,
Seigneur, rendez-moi plus chrétien.

Nº 82. EN L'HONNEUR DU SACRÉ CŒUR

DE JÉSUS.

1.   Cœur adorable
De Jésus mon divin Sauveur,
Si le ciel nous est favorable,
Nous vous devons cette faveur,
        Cœur adorable!

2.   Cœur ineffable,
Des trésors le plus précieux :
Des objets le plus admirable,
Qui soit sur terre et dans les cieux.
        Cœur ineffable!

3.   O Cœur sublime !
Centre de toutes les vertus,
Mon cœur trop faiblement s'exprime
Sur tous vos divins attributs,
        O Cœur sublime!

4.   Plaie amoureuse
Du Cœur de mon divin époux,
Que mon âme serait heureuse
De trouver un asile en vous,
        Plaie amoureuse!

5.   O Cœur propice !
A chaque instant sacrifié,
Pour calmer Dieu dans sa justice,
Regardez mon cœur en pitié,
        O Cœur propice!

6.   Combien de grâces
Me présentez-vous chaque jour !

Combien de moyens efficaces
Pour m'attirer à votre amour !
    Combien de grâces !

7.   Je me dévoue
Et me consacre à votre amour :
Que mon cœur sans cesse vous loue,
Et s'unisse à vous, nuit et jour.
      Je me dévoue.

8.   Cœur charitable,
Si tendre pour tous les pécheurs !
Je vous fais amende honorable
De la dureté de nos cœurs,
      Cœur charitable !

9.   Cœur de Marie,
C'est de votre sang précieux
Que ce beau Cœur reçut la vie.
Ranimez le mien par ses feux,
      Cœur de Marie.

10.   Par cette flèche
Qui perça vos Cœurs tour à tour,
Faites dans le mien une brèche,
Pour expirer dans votre amour,
      Par cette flèche.

N° 83. EXHORTATION A LA JEUNESSE.

Le temps de la jeunesse
Passe comme une fleur ;
Hâtez-vous, le temps presse ;
Donnez-vous au Seigneur :
N'attendez point cet âge
Où les hommes n'ont plus
Ni force ni courage
Pour les grandes vertus.

Que de pleurs, que de larmes
Fait verser au trépas
Ce monde dont les charmes
Nous trompent ici-bas !
D'agréables promesses
Il nous flatte d'abord ;
Mais ses fausses caresses
Ne donnent que la mort.

Eussions-nous en partage
Le sort le plus flatteur,
Serait-ce un avantage
Sans l'amour du Seigneur ?
Quelle folie extrême !
Gagner tout l'univers,

Et se livrer soi-même
Aux tourmens des enfers.

Si le monde s'offense,
Méprisez son courroux :
Dieu veut la préférence ;
Il s'en montre jaloux.
Si sa bonté suprême
A pour nous tant d'ardeur.
Il faut l'aimer de même :
Il veut tout notre cœur.

Quand une fois au crime
L'on aime à consentir,
Hélas ! c'est un abîme,

On n'en peut plus sortir.
Il n'est rien de si rude
Que de se détacher
De la longue habitude
Qu'on s'est fait de pécher.

Consacrez vos services
Au Seigneur tout-puissant :
Offrez-lui les prémices
De l'âge florissant.
De cet aimable maître
Vous ne tenez le jour,
Qu'afin de le connaître,
Et vivre en son amour.

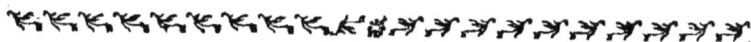

N° 84. SUR LA DANSE.

AIR : *La pénitence.*

1.   Funeste danse,
Qui séduis les cœurs des humains,
Qoique innocente en apparence,
Tu fus toujours l'effroi des saints,
Funeste danse !

2.   Tout est funeste
Dans ces trop dangereux séjours ;
Le son, la voix, l'œil et le geste,
Le luxe et mille vains atours,
Tout est funeste.

3.   O qu'il en coûte,
Pour suivre de pareils abus !
Pour un vil plaisir qu'on y goûte,
On y perd toutes les vertus :
O qu'il en coûte !

4.   Danse tragique,
Pour toi le sang du précurseur,
d'une Hérodias impudique
Assouvit l'horrible fureur,
Danse tragique.

F 3

5.   Filles chrétiennes,
Soyez plus sages que Dina;
Evitez les danses païennes :
Imitez la jeune Sara,
     Filles chrétiennes.

6.   C'est la tristesse
Qui fait le partage des Saints;
Mais elle enfante l'allégresse,
Au lieu que la fin des mondains,
     C'est la tristesse.

~~~~~~~~~~~~~~~~~~~~~~~~~~~~~~~~

Nº 85. EN L'HONNEUR DU S. NOM DE MARIE.

1.   DANS nos concerts
Bénissons le Nom de Marie;
     Dans nos concerts
Consacrons-lui nos chants divers:
Que tout l'annonce et le publie,
Et que jamais on ne l'oublie
     Dans nos concerts.

2.   Qu'un Nom si doux
Est consolant! qu'il est aimable!
     Qu'un Nom si doux
Doit avoir de charmes pour nous!
Après Jésus, Nom adorable,
Fut-il un Nom plus délectable
     Qu'un Nom si doux.

3.   Ce Nom sacré
Est digne de tout notre hommage;
     Ce Nom sacré
Doit être partout honoré.
Qu'il puisse toujours d'âge en âge,
Etre révéré davantage
     Ce Nom sacré.

4.   Nom glorieux,
Que tout respecte ta puissance,

      Nom glorieux,
Et sur la terre et dans les cieux :
De Dieu tu calmes la vengeauce :
Tu nous assures sa clémence,
      Nom glorieux.

5,   Par ton secours,
L'âme à son Dieu toujours fidèle,
      Par ton secours,
Dans la vertu coule ses jours :
Sa ferveur, son amour, son zèle,
Se nourrit et se renouvelle
      Par ton secours.

❈❈❈❈❈❈❈❈❈❈❈❈❈❈❈❈❈❈❈❈❈❈❈❈❈❈❈❈❈❈❈❈❈❈

N° 86. SE DONNER A DIEU DE BONNE HEURE.

A chercher le Seigneur
Que votre cœur s'empresse;
Montrez, chère jeunesse,
Montrez tous votre ardeur
A chercher le Seigneur.

Lui seul doit vous charmer,
Il est le bien suprême :
Il vous aime lui-même;
Ne doit-on pas l'aimer?
Lui seul doit vous charmer.

Oh! que son joug est doux!
Non, il n'a rien de rude;
Une sainte habitude
Le rend léger pour nous.
Oh! que son joug est doux!

Commencez, dès ce jour,
D'aimer un si bon père :
Souvent, pour qui diffère
Il n'est plus de retour,
Commencez dès ce jour.

Pour le bien ou le mal,

L'on est dans la vieillesse
Tel que dans la jeunesse ;
L'on suit un train égal
Pour le bien ou le mal.

Respectez vos parens ;
Rien n'est plus nécessaire :
Craignez de leur déplaire ;
Soyez obéissans,
Respectez vos parens.

Fuyez les vains plaisirs
Que le monde présente,
Qu'une vie innocente
Fixe tous vos désirs,
Fuyez les vains plaisirs.

Aimez la pureté :
Quel bien plus estimable !
Rien n'est plus agréable
Au Dieu de sainteté ;
Aimez la pureté.

Pour bien régler vos mœurs,
Méditez la loi sainte :

F 4

Ah ! qu'elle soit empreinte
Dans le fond de vos cœurs,
Pour bien régler vos mœurs.
O Dieu plein de bonté,

Garantissez sans cesse
Cette tendre jeunesse
De toute iniquité :
O Dieu plein de bonté !

N° 87. PRIÈRE AU SAINT ANGE GARDIEN.

Ange de Dieu,
Ministre de sa Providence,
Ange de Dieu,
Qui daignez me suivre en tout lieu,
A l'ombre de votre présence,
Garantissez mon innocence,
Ange de Dieu.

Dans cet exil,
Soyez sensible à ma misère ;
Dans cet exil,
Sauvez mes jours de tout péril :
Soyez ma force et ma lumière,
Mon maître, mon ami, mon père,
Dans cet exil.

N° 88. PRIÈRE AU SAINT PATRON.

Vous qui, depuis ma tendre enfance,
Daignez être mon protecteur,
O grand Saint, que votre innocence
A jamais règne dans mon cœur ;
Faites qu'à Dieu toujours fidèle,
A l'ombre de votre saint nom,
Je vous prenne pour mon modèle,
Comme vous êtes mon patron.

N° 89. LE PÉCHEUR AUX PIEDS DE LA CROIX.

1. Dieu qui, pour nous racheter,
Êtes mort sur le Calvaire,
Je crains de voir éclater
Contre moi votre colère ;

J'ai trop su la mériter,
Fils ingrat envers mon père;
Mais songez, adorable Roi,
Que vous êtes mort pour moi.

2.   Grand Dieu, si votre bonté
Ne l'emporte sur mon crime,
Je vois le ciel irrité
Prêt à perdre sa victime;
L'enfer que j'ai mérité,
M'ouvre déjà son abîme;   Mais songez, etc.

3.   J'ai fait servir vos bienfaits,
Seigneur, à vous faire outrage:
Dans mon âme, mille excès
Ont profané votre ouvrage:
Vous n'y voyez plus les traits
De votre divine image;   Mais songez, etc.

4.   Vous vouliez me convertir,
Je ne pouvais m'y résoudre;
J'attendais sans repentir
Tout l'éclat de votre foudre;
Je la vois prête à partir:
Elle va me mettre en poudre; Mais songez, etc.

5.   Je résiste, chaque jour,
Aux attraits de votre grâce;
Je n'ai pour vous nul retour:
Je me sens un cœur de glace;
Je crains qu'enfin votre amour
De mes froideurs ne se lasse; Mais songez, etc.

6.   Apaisez votre courroux,
Et me devenez propice;
Regardez d'un œil plus doux
De mon cœur le sacrifice.
Je soupire à vos genoux,
Pour fléchir votre justice;
Mais songez, adorable Roi,
Que vous êtes mort pour moi.

FIN DES CANTIQUES.

MÉTHODE

POUR DIRE AVEC FRUIT LE SAINT ROSAIRE.

Je m'unis à tous les Saints qui sont dans le ciel, à tous les justes qui sont sur la terre, à toutes les âmes fidèles qui sont dans ce lieu; je m'unis à vous, ô mon Jésus, pour louer dignement votre sainte Mère, et vous louer en elle et par elle. Je renonce à toutes les distractions qui me viendront pendant ce Chapelet, que je veux dire avec modestie, attention et dévotion, comme si c'était le dernier de ma vie.

Nous vous offrons, Seigneur, ce *Credo*, pour honorer tous les mystères de notre foi; ce *Pater* et ces trois *Ave*, pour honorer l'unité de votre essence et la Trinité de vos Personnes. Nous vous demandons une foi vive, une espérance ferme, une ardente charité.

Je crois en Dieu, etc.

Gloria Patri, etc.

Notre Père, etc.

Je vous salue, Marie, etc. (trois fois.)

Gloria Patri, etc.

MYSTÈRES JOYEUX.

LUNDI. JEUDI.

L'INCARNATION.

Nous vous offrons, Seigneur Jésus, cette première Dizaine, en l'honneur de votre Incarnation dans le sein de Marie, et nous vous demandons, par ce mystère et par son intercession, une profonde humilité.

Notre Père, etc.

Je vous salue, Marie, etc. (dix fois.)

Gloria Patri, etc.

Grâce du mystère de l'Incarnation, descendez dans nos âmes. Ainsi soit-il.

LA VISITATION.

Nous vous offrons, Seigneur Jésus, cette seconde Dizaine, en l'honneur de la Visitation de votre sainte Mère à sa cousine sainte Élisabeth, et de la sanctification de saint Jean-Baptiste; et nous vous demandons, par ce mystère et par l'intercession de votre Mère, sa charité envers notre prochain.

Notre Père, etc.

Je vous salue, etc. (dix fois.)

Gloria Patri, etc.

Grâce du mystère de la Visitation, descendez dans nos âmes. Ainsi soit-il.

NAISSANCE DE JÉSUS.

Nous vous offrons, Seigneur Jésus, cette troisième Dizaine, en l'honneur de votre naissance dans l'étable de Bethléem, et nous vous demandons, par ce mystère et par l'intercession de votre sainte Mère, le détachement des biens du monde, le mépris des richesses et l'amour de la pauvreté.

Notre Père, etc.

Je vous salue, etc. (dix fois.)

Gloria Patri, etc.

Grâce du mystère de la naissance de notre Seigneur Jésus-Christ, descendez dans nos âmes. Ainsi soit-il.

LA PRÉSENTATION AU TEMPLE.

Nous vous offrons, Seigneur Jésus, cette quatrième Dizaine, en l'honneur de votre Présentation au Temple et de la Purification de votre sainte Mère, et nous vous demandons, par ce mystère et par son intercession, une grande pureté de corps et d'esprit.

Notre Père, etc.

Je vous salue, Marie, etc. (dix fois.)

Gloria Patri, etc.

F 6

Grâce du mystère de la Purification, descendez dans nos âmes. Ainsi soit-il.

LE RECOUVREMENT DE JÉSUS.

Nous vous offrons, Seigneur Jésus, cette cinquième Dizaine, en l'honneur de votre Recouvrement par Marie, et nous vous demandons, par ce mystère et par son intercession, la véritable sagesse.

Notre Père, etc.
Je vous salue, Marie, etc. (dix fois.)
Gloria Patri, etc.

Grâce du mystère du Recouvrement de Jésus, descendez dans nos âmes. Ainsi soit-il.

MYSTÈRES DOULOUREUX.

MARDI. VENDREDI.

L'AGONIE.

Nous vous offrons, Seigneur Jésus, cette sixième Dizaine, en l'honneur de votre agonie mortelle dans le jardin des Olives, et nous vous demandons, par ce mystère et par l'intercession de votre sainte Mère, la contrition de nos péchés.

Notre Père, etc.
Je vous salue, Marie, etc. (dix fois.)
Gloria Patri, etc.

Grâce du mystère de l'agonie de Jésus-Christ, descendez dans nos âmes. Ainsi soit-il.

LA FLAGELLATION.

Nous vous offrons, Seigneur Jésus, cette septième Dizaine, en l'honneur de votre sanglante Flagellation, et nous vous demandons, par ce mystère et par l'intercession de votre sainte mère, la mortification de nos sens.

Notre Père, etc.
Je vous salue, Marie, etc. (dix fois.)
Gloria Patri, etc.

Grâce du mystère de la Flagellation de Jésus, descendez dans nos âmes. Ainsi soit-il.

LE COURONNEMENT D'ÉPINES.

Nous vous offrons, Seigneur Jésus, cette huitième Dizaine, en l'honneur de votre Couronnement d'épines, et nous vous demandons, par ce mystère et par l'intercession de votre sainte Mère, le mépris du monde et de ses jugemens.

Notre Père, etc.
Je vous salue, Marie, etc. (dix foi .)
Gloria Patri, etc.

Grâce du mystère du Couronnement d'épines de Jésus, descendez dans nos âmes. Ainsi soit-il.

LE PORTEMENT DE CROIX.

Nous vous offrons, Seigneur Jésus, cette neuvième Dizaine, en l'honneur de votre portement de Croix, et nous vous demandons, par ce mystère et par l'intercession de votre sainte Mère, la patience et la résignation.

Notre Père, etc.
Je vous salue, Marie, etc. (dix fois.)
Gloria Patri, etc.

Grâce du mystère du Portement de Croix de Jésus, descendez dans nos âmes. Ainsi soit-il.

LE CRUCIFIEMENT.

Nous vous offrons, Seigneur Jésus, cette dixième Dizaine, en l'honneur de votre Crucifiement et de votre Mort ignominieuse sur le Calvaire, et nous vous demandons, par ce mystère et l'intercession de votre Ste Mère, la conversion des pécheurs, la persévérance des justes, le soulagement des âmes du Purgatoire.

Notre Père, etc.
Je vous salue, Marie, etc. (dix fois.)
Gloria Patri, etc.

Grâce du mystère du Crucifiement de Jésus, descendez dans nos âmes. Ainsi soit il.

MYSTÈRES GLORIEUX.

DIMANCHE. MERCREDI. SAMEDI.

LA RÉSURRECTION.

Nous vous offrons, Seigneur Jésus, cette onzième Dizaine, en l'honneur de votre Résurrection glorieuse, et nous vous demandons par ce mystère et par l'intercession de votre sainte Mère, l'amour de Dieu et la ferveur dans votre saint service.

Notre Père, etc.
Je vous salue, Marie, etc. (dix fois.)
Gloria Patri, etc.

Grâce du mystère de la Résurrection, descendez dans nos âmes. Ainsi soit-il.

L'ASCENSION.

Nous vous offrons, Seigneur Jésus, cette douzième Dizaine en l'honneur de votre triomphante Ascension, et nous vous demandons, par ce mystère et par l'intercession de votre sainte Mère, un désir ardent du ciel, notre chère patrie.

Notre Père, etc.

Je vous salue, etc. (dix fois.)

Gloria Patri, etc.

Grâce du mystère de l'Ascension de Jésus, descendez dans nos âmes. Ainsi soit-il.

LA PENTECÔTE.

Nous vous offrons, Seigneur Jésus, cette treizième Dizaine, en l'honneur du mystère de la Pentecôte, et nous vous demandons, par ce mystère et par l'intercession de votre sainte Mère, la descente du Saint-Esprit dans nos âmes.

Notre Père, etc.

Je vous salue, etc. (dix fois.)

Gloria Patri, etc.

Grâce du mystère de la Pentecôte, descendez dans nos âmes. Ainsi soit-il.

L'ASSOMPTION.

Nous vous offrons, Seigneur Jésus, cette quatorzième Dizaine, en l'honneur de la Résurrection et de la triomphante Assomption de votre sainte Mère dans le ciel, et nous vous demandons, par ce mystère et par son intercession, une tendre dévotion pour une si bonne mère.

Notre Père, etc.

Je vous salue, Marie, etc. (dix fois.)

Gloria Patri, etc.

Grâce du mystère de l'Assomption de Marie descendez dans nos âmes. Ainsi soit-il.

LE COURONNEMENT DE MARIE.

Nous vous offrons, Seigneur Jésus, cette quinzième et dernière Dizaine, en l'honneur du Couronnement de votre sainte Mère dans le ciel, et nous vous demandons, par son intercession, la persévérance dans la grâce et le couronnement dans la gloire.

Notre Père, etc.

Je vous salue, etc. (dix fois.)

Gloria Patri, etc.

Nota. On peut séparer le Rosaire en trois parties, et dire chaque fois cinq Dizaines avec les mystères.

On termine toujours par le *De profundis* pour les morts et les Litanies de la Sainte Vierge.

ACTES AVANT LA COMMUNION.

ACTE DE FOI.

Dieu du ciel et de la terre, Sauveur des hommes, venez à moi; et j'aurai le bonheur de vous recevoir. Qui pourrait croire un semblable prodige, si vous ne l'aviez dit vous-même? Oui, Seigneur, je crois que c'est vous que je vais recevoir dans ce Sacrement; vous-même qui avez voulu mourir pour moi sur la croix, qui, tout glorieux que vous êtes dans le ciel, ne laissez pas d'être caché sous ces espèces adorables. Je le crois, et je souffrirais plutôt mille morts que de démentir sur ce point ma croyance et ma religion.

ACTE D'HUMILITÉ.

Roi du ciel, auteur et conservateur du monde, Monarque universel, je m'anéantis devant vous, et je voudrais pouvoir m'humilier aussi profondément pour votre gloire, que vous vous abaissez dans ce

Sacrement pour l'amour de moi. Je reconnais, avec toute l'humilité possible, et votre souveraine puissance, et mon extrême bassesse, et je ne puis que dire, avec sincérité, que je suis très-indigne de la grâce que vous daignez me faire aujourd'hui.

ACTE DE CONTRITION.

Vous venez à moi, Dieu de miséricorde. Hélas ! mes péchés devraient plutôt vous en éloigner. Sensible au déplaisir qu'ils vous ont causé, touché de votre bonté infinie, résolu de ne les plus commettre, je les déteste de tout mon cœur et vous en demande très-humblement pardon. O mon Père, purifiez les moindres souillures de mon cœur, et renouvelez jusqu'au fond de mes entrailles cet esprit d'innocence qui me mettra en état de vous recevoir dignement.

ACTE D'ESPÉRANCE.

Je me présente à vous, ô mon Dieu, avec toute la confiance que m'inspirent votre puissance infinie et votre infinie bonté ; je me présente à vous avec toutes mes faiblesses, mon aveuglement et mes misères ; j'espère que vous me fortifierez, que vous m'éclairerez, que vous me soulagerez, que vous me changerez ; je l'espère, ô mon Dieu, parce que vous êtes tout-puissant et maître de mon cœur.

ACTE DE DÉSIR.

O Agneau de Dieu, chair adorable, sang précieux de mon Sauveur, mon âme éloignée de vous, vous souhaite avec ardeur et soupire après vous ! Venez, aimable Jésus, mon cœur est prêt ; et s'il ne l'était pas, un seul de vos regards pourrait le purifier, le préparer, l'attendrir et l'enflammer ; venez, mon unique bien, ma joie, mes délices, mon trésor, ma vie, mon Dieu et mon tout, venez !

ACTES APRÈS LA COMMUNION.

ACTE D'ADORATION.

Je vous adore, ô Dieu saint et éternel ! Je rends hommage à cette grandeur suprême devant laquelle tout genou fléchit ; en comparaison de laquelle toute puissance n'est que faiblesse, toute prospérité que misère, et les plus éclatantes lumières que ténèbres épaisses.

A vous seul, grand Dieu, Roi des siècles, source de vie et de lumières ; à vous seul, gloire, honneur, salut et bénédiction.

ACTE D'AMOUR.

J'AI donc enfin le bonheur de vous posséder, ô mon Dieu ! embrasez-moi ; brûlez, consumez mon cœur de votre amour. Anges du ciel, Mère de mon Dieu, Saints du ciel et de la terre, prêtez-moi vos cœurs, donnez-moi votre amour, pour aimer mon Dieu, mon bien-aimé, l'aimable Jésus.

Oui, je vous aime, ô Dieu de mon cœur ! je vous aime de toute mon âme, je vous aime souverainement, je vous aime pour l'amour de vous, et avec une ferme résolution de n'aimer que vous. Mais assurez vous-même, ô mon Dieu, ces saintes résolutions dans mon cœur.

ACTE DE REMERCÎMENT.

C'EST avec un cœur attendri et plein de reconnaissance, ô mon doux Sauveur, que je vous remercie de la grâce que vous daignez me faire. J'ai été un infidèle, un lâche, un prévaricateur ; mais je ne serai pas un ingrat. Je veux me souvenir éternellement que vous vous êtes donné à moi aujourd'hui, et marquer, par toute la suite de ma vie, les obligations que je vous ai, ô mon Dieu, en me donnant parfaitement à vous.

ACTE DE DEMANDE.

Dieu libéral et magnifique, source inépuisable
de tous biens, répandez vos grâces dans mon cœur.
Ôtez-en tout ce qui vous déplaît, et mettez-y ce qui
peut vous être agréable; purifiez mon corps, sanctifiez mon âme, et appliquez-moi les mérites de
votre vie et de votre mort. Unissez-vous à moi,
vivez en moi, afin que je vive en vous, que je
vive de vous, et à jamais pour vous.

ACTE D'OFFRANDE.

Vous me comblez de vos dons, Dieu de miséricorde; en vous donnant à moi, vous m'avez ins-
piré le sublime désir de n'être entièrement qu'à
vous. Je veux, oui, je veux que tout ce qui dépend
de moi, santé, forces, esprit, talens, biens, réputa-
tion, crédit, ne soient employés que pour les inté-
rêts de votre gloire.

ACTE DE BON PROPOS.

Je renonce de tout mon cœur, ô Dieu plein de
générosité, à ce qui m'avait éloigné de vous; et je
me propose, avec le secours de votre grâce, de ne
plus retomber dans mes fautes passées. Ainsi donc,
ô mon Dieu, plus de pensées, de désirs, de paroles
et d'actions qui vous soient contraires; plutôt
mourir, plutôt expirer ici devant vous que de vous
déplaire.

C'est en votre présence, divin Jésus, que je forme
ces résolutions; confirmez-les, et que votre auguste
sacrement, que je viens de recevoir, en soit comme
le sceau. Confirmez, ô mon Dieu, le désir que j'ai
d'être uniquement à vous, et de ne vivre que pour
votre gloire. Ainsi soit-il.

HUIT INDULGENCES

PLÉNIÈRES PERPÉTUELLES,

Qu'on peut gagner une fois chaque mois de l'année.

AVIS.

Parmi un nombre presque infini d'Indulgences, soit plénières, soit partielles, que les Souverains Pontifes ont attachées à certaines prières et œuvres pies par leurs brefs, constitutions et rescrits, en voici huit plénières perpétuelles. Un bon Chrétien doit, chaque matin, former l'intention de gagner, pendant la journée, autant d'Indulgences qu'il lui est possible. Mais pour gagner les Indulgences, il est nécessaire d'accomplir à la lettre les œuvres prescrites, de la même manière quelles sont énoncées. Ainsi, si, dans la concession des Indulgences, il est dit de *se tenir à genoux* ou *debout*, de *prier au son de la cloche*, d'être *contrit, confessé, communié, etc.* il faut exactement remplir ces conditions, autrement on perdrait un si grand trésor.

Afin de gagner les Indulgences attachées à quelque jour de la semaine que ce soit, il suffit de se confesser une fois pendant cette semaine, à moins qu'on ne soit tombé dans quelque péché mortel depuis la dernière confession.

On excepte néanmoins les Indulgences des Jubilés, et celles qui sont accordées par forme de Jubilé. *(Décr. des Indulg. de l'an* 1763 *).*

PREMIÈRE INDULGENCE.

LE TRISAGE SANCTUS, etc.

Il y a Indulgence plénière et rémission de tous les péchés, une fois chaque mois, pour tous les fidèles qui auront récité, chaque jour du mois, le Trisage *Sanctus, Sanctus, Sanctus, Dominus Deus exercituum : plena est terra gloriâ tuâ : Gloria Patri, Gloria Filio, Gloria Spiritui sancto.* Ils pourront gagner cette Indulgence le jour qu'ils choisiront, pourvu qu'étant confessés et communiés, ils prient le Seigneur pour la paix et la concorde entre les Princes chrétiens, pour l'extirpation des hérésies, et l'exaltation de la sainte Eglise. De plus, en louant la très-sainte Trinité, par les paroles dudit Trisage, on gagne cent jours d'Indulgence chaque jour ; trois cents jours les dimanches, ainsi que le jour de la fête de la très-sainte Trinité, et pendant son octave. (*Clément XIV, dans son décret du 6 juin 1769, et dans celui du 26 juin 1770.*)

II.ᵉ INDULGENCE.

LES ACTES DES VERTUS THÉOLOGALES.

Tout fidèle qui récitera dévotement, chaque jour du mois, les actes de Foi, d'Espérance et de Charité, et qui remplira les conditions prescrites ci-dessus, gagnera Indulgence plénière, qu'il pourra appliquer aux âmes du Purgatoire, une fois chaque mois. De plus, il gagnera la même Indulgence à l'article de la mort. Enfin, sept ans et sept quarantaine, chaque fois qu'on dira lesdits actes. (*Benoît XIV, décret des Indulg. 28 janvier 1756.*)

III.ᵉ INDULGENCE.

EN L'HONNEUR DU TRÈS-SAINT SACREMENT.

Il y a Indulgence plénière, qu'on peut gagner comme ci-dessus, en disant tous les jours, pendant un mois : *Loué et béni soit à jamais le très-saint et très-auguste Sacrement de l'Autel !* de plus, cent jours pour celui qui, contrit, dira les même paroles une fois le jour. Et Enfin, trois cents jours pour quiconque les dira trois fois pendant l'octave de la Fête-Dieu, et tous les jeudis de l'année.

IV.ᵉ INDULGENCE.

HYMME OU PROSE DU SAINT-ESPRIT.

Il y a Indulgence plénière, qu'on peut gagner de la même manière que ci-dessus, et un jour de chaque mois, au choix de tout fidèle qui dira, tous les jours, pendant un mois, l'hymne *Veni, creator Spiritus,* ou la prose *Veni, sancte Spiritus,* en quelque langue que ce soit. Il y a de plus Indulgence de trois cents jours pour celui qui, contrit, dira ladite hymne ou prose le jour de la Pentecôte et pendant son octave; et Indulgence de cent jours pendant le cours de l'année; lesquelles Indulgences sont applicables, par manière de suffrage, aux âmes du Purgatoire. (*Pie VI, bref du 26 mai 1796.*)

V.ᵉ INDULGENCE.

SALUTATION ANGÉLIQUE.

Il y a Indulgence plénière, comme ci-dessus, et rémission de tous les péchés, pour tous les fidèles qui diront, au moins une fois le jour, pendant un mois, à un des trois coups de la cloche, *l'Angelus Domini, etc.*

Plus, cent jours d'Indulgence toutes les fois que, contrits, ils diront l'*Ave, Maria.* (*Benoît XIII, bref du 12 septembre 1724.*)

Il faut savoir que les dimanches et les soirs des samedis, on doit dire, l'*Angelus* debout; et pendant le temps pascal, on doit dire, aussi debout, l'antienne *Regina cœli,* avec le verset et l'oraison. Ceux qui ne sauront pas lire, pourront dire l'*Angelus.* (*Benoît XIV, 20 avril 1742.*)

VI.ᵉ INDULGENCE.

MÉDITATION.

Il y a Indulgence plénière, qu'on peut gagner comme ci-dessus, une fois le mois, pour chaque fidèle qui fera, tous les jours pendant un mois, au moins un quart d'heure d'oraison mentale, même Indulgence pour quiconque enseignera aux autres la manière de faire l'oraison mentale. Ces Indulgences pourront être appliquées, par manière de suffrage, aux âmes du Purgatoire. Il y a enfin sept ans et sept quarantaines d'Indulgences chaque fois que contrit on l'apprendra aux autres, ou qu'on assistera à l'explication de ladite manière de faire l'oraison mentale. (*Benoit XIV*, 16 décembre 1746.)

VIIe INDULGENCE.

L'ANGELE DEI, etc.

Le Pape Pie VI, de sainte mémoire, par son bref du 2 octobre 1796, *motu proprio*, accorde l'Indulgence de cent jours, applicable aux âmes du Purgatoire, toutes les fois que l'on dira, pour se mettre sous la protection et l'assistance de son Ange Gardien :

Angele Dei, qui custos es mei, me tibi commissum pietate supernâ, hodiè illumina, custodi, rege et guberna. Amen. En français : *Ange de Dieu, qui êtes mon gardien, puisque la divine miséricorde m'a confié à vos soins, daignez aujourd'hui m'éclairer, me garder, me diriger et me gouverner. Ainsi soit-il.*

Il accorde aussi à ceux qui auront fait ladite prière matin et soir, pendant l'année, Indulgence plénière, le jour de la fête des saints Anges Gardiens.

Dans un autre bref du 20 septembre 1797, *motu proprio*, Sa Sainteté confirme les Indulgences ci-dessus ; et accorde de plus Indulgence plénière, à l'article de la mort, à celui qui aura dit souvent, pendant sa vie, ledit *Angele Dei, etc.*

VIIIe INDULGENCE.

Il y a Indulgence de cent jours, comme ci-dessus, en faveur des fidèles qui réciteront l'oraison jaculatoire ; *Vivat Cor Jesu sacratissimum, per infinita sæcula sæculorum. Amen.* En français : *Vive le sacré Cœur de Jésus dans tous les siècles des siècles. Ainsi soit-il.* Cette Indulgence peut se gagner trois fois par jour.

TABLE
DES CANTIQUES.

FIN DE LA TABLE.

www.ingramcontent.com/pod-product-compliance
Lightning Source LLC
Chambersburg PA
CBHW071801090426
42737CB00012B/1902